新法シリーズ試案編

民法改正中間試案
〔確定全文〕

2013(平成25)年2月26日法制審議会民法(債権関係)部会**決定**
2013(平成25)年3月11日確定全文Web**公表**/法務省民事局参事官室
2013(平成25)年3月　法務省民事局参事官室

＊パブリック・コメントに付されているものの正文である。
＊広く学生・実務家・一般市民の皆さんにも関心をもっていただけるように整理ている(全体構造がわかる表紙裏の目次参照)。
＊座右において便利な3冊。
① 〔確定全文〕：民法改正中間試案
② 〔確定全文+概要〕：民法改正中間試案〔概要付き〕
③ 〔確定全文+概要+補足説明〕：民法改正中間試案の補足説明

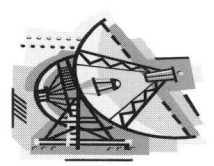

信山社
ブックス
7041-9-01011

《目　次》

（前　注）
1 この中間試案において主な検討対象とした民法の規定は,つぎのとおりである。
　第1編（総則）第90条（法律行為）から第174条の2（判決で確定した権利の消滅時効）まで
　第3編（債権）第399条（債権の目的）から第696条まで（和解の効力）
2 この中間試案では,上記1の民法の規定に関して,現時点で改正が検討されている項目のみを取り上げており特に言及していない規定は維持することが想定されている。

【現行の民法総則部分±】
第1　法律行為総則
第2　意思能力
第3　意思表示
第4　代　理
第5　無効及び取消し
第6　条件及び期限
第7　消滅時効

【現行の債権総論部分±】
第8　債権の目的
第9　履行請求権等
第10　債務不履行による損害賠償
第11　契約の解除
第12　危険負担
第13　受領(受取)遅滞
第14　債権者代位権
第15　詐害行為取消権
第16　多数当事者の債権及び債務
　　　（保証債務を除く。）
第17　保証債務
第18　債権譲渡
第19　有価証券
第20　債務引受
第21　契約上の地位の移転
第22　弁　済
第23　相　殺

第24　更　改
第25　免　除

【現行の債権各論部分±】
第□□　契約に関する基本原則等
第27　契約交渉段階
第28　契約の成立
第29　契約の解釈
第30　約　款
第31　第三者のためにする契約
第32　事情変更の法理
第33　不安の抗弁権
第34　継続的契約
第35　売　買
第36　贈　与
第37　消費貸借
第38　賃貸借
第39　使用貸借
第40　請　負
第41　委　任
第42　雇　用
第43　寄　託
第44　組　合
第45　終身定期金
第46　和　解

民法(債権関係)の改正に関する中間試案

目次

(前注) 1
第1 法律行為総則 1
  1 法律行為の意義(民法第1編第5章第1節関係) 1
  2 公序良俗(民法第90条関係) 1
第2 意思能力 1
第3 意思表示 2
  1 心裡留保(民法第93条関係) 2
  2 錯誤(民法第95関係) 2
  3 詐欺(民法第96条関係) 2
  4 意思表示の効力発生時期等(民法第97条関係) 3
  5 意思表示の受領能力(民法第98条の2関係) 3
第4 代理 4
  1 代理行為の要件及び効果(民法第99条第1項関係) 4
  2 代理行為の瑕疵(民法第101条関係) 4
  3 代理人の行為能力(民法第102条関係) 4
  4 代理人の権限(民法第103条関係) 4
  5 復代理人を選任した任意代理人の責任(民法第105条関係) 5
  6 自己契約及び双方代理等(民法第108条関係) 5
  7 代理権の濫用 5
  8 代理権授与の表示による表見代理(民法第109条関係) 6
  9 権限外の行為の表見代理(民法第110条関係) 6
  10 代理権消滅後の表見代理(民法第112条関係) 6
  11 無権代理人の責任(民法第117条関係) 7
  12 授権(処分権授与) 7
第5 無効及び取消し 7
  1 法律行為の一部無効 7
  2 無効な法律行為の効果 7
  3 追認の効果(民法第122条関係) 8
  4 取り消すことができる行為の追認(民法第124条関係) 8
  5 法定追認(民法第125条関係) 9
  6 取消権の行使期間(民法第126条関係) 9
第6 条件及び期限 9
  1 条件 9
  2 期限 9

1

第7	消滅時効	10
1	職業別の短期消滅時効の廃止	10
2	債権の消滅時効における原則的な時効期間と起算点	10
3	定期金債権の消滅時効（民法第168条第1項関係）	10
4	不法行為による損害賠償請求権の消滅時効（民法第724条関係）	10
5	生命・身体の侵害による損害賠償請求権の消滅時効	11
6	時効期間の更新事由	11
7	時効の停止事由	11
8	時効の効果	12
第8	債権の目的	12
1	特定物の引渡しの場合の注意義務（民法第400条関係）	12
2	種類債権の目的物の特定（民法第401条第2項関係）	13
3	外国通貨債権（民法第403条関係）	13
4	法定利率（民法第404条関係）	13
	(1) 変動制による法定利率	13
	(2) 法定利率の適用の基準時等	14
	(3) 中間利息控除	14
5	選択債権（民法第406条ほか関係）	14
第9	履行請求権等	14
1	債権の請求力	14
2	契約による債権の履行請求権の限界事由	14
3	履行の強制（民法第414条関係）	15
第10	債務不履行による損害賠償	15
1	債務不履行による損害賠償とその免責事由（民法第415条前段関係）	15
2	履行遅滞の要件（民法第412条関係）	15
3	債務の履行に代わる損害賠償の要件（民法第415条後段関係）	16
4	履行遅滞後に履行請求権の限界事由が生じた場合における損害賠償の免責事由	16
5	代償請求権	16
6	契約による債務の不履行における損害賠償の範囲（民法第416条関係）	16
7	過失相殺の要件・効果（民法第418条関係）	17
8	損益相殺	17
9	金銭債務の特則（民法第419条関係）	17
10	賠償額の予定（民法第420条関係）	17
第11	契約の解除	18
1	債務不履行による契約の解除の要件（民法第541条ほか関係）	18
2	複数契約の解除	18
3	契約の解除の効果（民法第545条関係）	19
4	解除権の消滅（民法第547条及び第548条関係）	19
第12	危険負担	19

1　危険負担に関する規定の削除（民法第５３４条ほか関係） 19
　　2　債権者の責めに帰すべき事由による不履行の場合の解除権の制限（民法第５３６条第２項関係） 19
第13　受領（受取）遅滞 20
第14　債権者代位権 20
　　1　責任財産の保全を目的とする債権者代位権 20
　　2　代位行使の範囲 20
　　3　代位行使の方法等 21
　　4　代位債権者の善管注意義務 21
　　5　債権者代位権の行使に必要な費用 21
　　6　代位行使の相手方の抗弁 21
　　7　債務者の処分権限 21
　　8　訴えの提起による債権者代位権の行使の場合の訴訟告知 22
　　9　責任財産の保全を目的としない債権者代位権 22
第15　詐害行為取消権 22
　　1　受益者に対する詐害行為取消権の要件 22
　　2　相当の対価を得てした行為の特則 23
　　3　特定の債権者を利する行為の特則 23
　　4　過大な代物弁済等の特則 24
　　5　転得者に対する詐害行為取消権の要件 24
　　6　詐害行為取消しの効果 25
　　7　詐害行為取消しの範囲 25
　　8　逸出財産の返還の方法等 25
　　9　詐害行為取消権の行使に必要な費用 26
　　10　受益者の債権の回復 26
　　11　受益者が現物の返還をすべき場合における受益者の反対給付 27
　　12　受益者が金銭の返還又は価額の償還をすべき場合における受益者の反対給付 .. 27
　　13　転得者の前者に対する反対給付等 28
　　14　詐害行為取消権の行使期間 28
第16　多数当事者の債権及び債務（保証債務を除く。） 28
　　1　債務者が複数の場合 28
　　2　分割債務（民法第４２７条関係） 28
　　3　連帯債務者の一人について生じた事由の効力等 28
　　　(1)　履行の請求（民法第４３４条関係） 28
　　　(2)　更改，相殺等の事由（民法第４３５条から第４４０条まで関係） 29
　　　(3)　破産手続の開始（民法第４４１条関係） 29
　　4　連帯債務者間の求償関係 29
　　　(1)　連帯債務者間の求償権（民法第４４２条第１項関係） 29
　　　(2)　連帯債務者間の通知義務（民法第４４３条関係） 29

3

　　　　(3) 負担部分を有する連帯債務者が全て無資力者である場合の求償関係（民法第444条
　　　　　本文関係） 30
　　　　(4) 連帯の免除をした場合の債権者の負担（民法第445条関係） 30
　　5　不可分債務 30
　　6　債権者が複数の場合 30
　　7　分割債権（民法第427条関係） 30
　　8　連帯債権 31
　　9　不可分債権 31
第17　保証債務 31
　　1　保証債務の付従性（民法第448条関係） 31
　　2　主たる債務者の有する抗弁（民法第457条第2項関係） 31
　　3　保証人の求償権 31
　　　　(1) 委託を受けた保証人の求償権（民法第459条・第460条関係） 31
　　　　(2) 保証人の通知義務 32
　　4　連帯保証人に対する履行の請求の効力（民法第458条関係） 32
　　5　根保証 32
　　6　保証人保護の方策の拡充 33
　　　　(1) 個人保証の制限 33
　　　　(2) 契約締結時の説明義務，情報提供義務 33
　　　　(3) 主たる債務の履行状況に関する情報提供義務 33
　　　　(4) その他の方策 34
第18　債権譲渡 34
　　1　債権の譲渡性とその制限（民法第466条関係） 34
　　2　対抗要件制度（民法第467条関係） 35
　　　　(1) 第三者対抗要件及び権利行使要件 35
　　　　(2) 債権譲渡が競合した場合における規律 36
　　3　債権譲渡と債務者の抗弁（民法第468条関係） 37
　　　　(1) 異議をとどめない承諾による抗弁の切断 37
　　　　(2) 債権譲渡と相殺の抗弁 37
　　4　将来債権譲渡 37
第19　有価証券 38
第20　債務引受 39
　　1　併存的債務引受 39
　　2　免責的債務引受 39
　　3　免責的債務引受による引受けの効果 40
　　4　免責的債務引受による担保権等の移転 40
第21　契約上の地位の移転 40
第22　弁済 40
　　1　弁済の意義 40

2	第三者の弁済（民法第４７４条関係）	41
3	弁済として引き渡した物の取戻し（民法第４７６条関係）	41
4	債務の履行の相手方（民法第４７８条，第４８０条関係）	41
5	代物弁済（民法第４８２条関係）	41
6	弁済の方法（民法第４８３条から第４８７条まで関係）	42
7	弁済の充当（民法第４８８条から第４９１条まで関係）	42
8	弁済の提供（民法第４９２条関係）	43
9	弁済の目的物の供託（民法第４９４条から第４９８条まで関係）	43
10	弁済による代位	43
(1)	任意代位制度（民法第４９９条関係）	43
(2)	法定代位者相互間の関係（民法第５０１条関係）	43
(3)	一部弁済による代位の要件・効果（民法第５０２条関係）	44
(4)	担保保存義務（民法第５０４条関係）	44
第23	相殺	45
1	相殺禁止の意思表示（民法第５０５条第２項関係）	45
2	時効消滅した債権を自働債権とする相殺（民法第５０８条関係）	45
3	不法行為債権を受働債権とする相殺の禁止（民法第５０９条関係）	45
4	支払の差止めを受けた債権を受働債権とする相殺（民法第５１１条関係）	45
5	相殺の充当（民法第５１２条関係）	45
第24	更改	46
1	更改の要件及び効果（民法第５１３条関係）	46
2	債務者の交替による更改（民法第５１４条関係）	46
3	債権者の交替による更改（民法第５１５条・第５１６条関係）	46
4	更改の効力と旧債務の帰すう（民法第５１７条関係）	46
5	更改後の債務への担保の移転（民法第５１８条関係）	46
6	三面更改	47
第25	免除	47
第26	契約に関する基本原則等	47
1	契約内容の自由	47
2	履行請求権の限界事由が契約成立時に生じていた場合の契約の効力	47
3	付随義務及び保護義務	47
4	信義則等の適用に当たっての考慮要素	48
第27	契約交渉段階	48
1	契約締結の自由と契約交渉の不当破棄	48
2	契約締結過程における情報提供義務	48
第28	契約の成立	49
1	申込みと承諾	49
2	承諾の期間の定めのある申込み（民法第５２１条第１項・第５２２条関係）	49
3	承諾の期間の定めのない申込み（民法第５２４条関係）	49

	4	対話者間における申込み	49
	5	申込者及び承諾者の死亡等（民法第５２５条関係）	49
	6	契約の成立時期（民法第５２６条第１項・第５２７条関係）	50
	7	懸賞広告	50
第29	契約の解釈		51
第30	約款		51
	1	約款の定義	51
	2	約款の組入要件の内容	51
	3	不意打ち条項	51
	4	約款の変更	51
	5	不当条項規制	52
第31	第三者のためにする契約		52
	1	第三者のためにする契約の成立等（民法第５３７条関係）	52
	2	要約者による解除権の行使（民法第５３８条関係）	52
第32	事情変更の法理		53
第33	不安の抗弁権		53
第34	継続的契約		53
	1	期間の定めのある契約の終了	53
	2	期間の定めのない契約の終了	53
	3	解除の効力	54
第35	売買		54
	1	売買の予約（民法第５５６条関係）	54
	2	手付（民法第５５７条関係）	54
	3	売主の義務	54
	4	目的物が契約の趣旨に適合しない場合の売主の責任	55
	5	目的物が契約の趣旨に適合しない場合における買主の代金減額請求権	55
	6	目的物が契約の趣旨に適合しない場合における買主の権利の期間制限	55
	7	買主が事業者の場合における目的物検査義務及び適時通知義務	56
	8	権利移転義務の不履行に関する売主の責任等	56
	9	競売における買受人の権利の特則（民法第５６８条及び第５７０条ただし書関係）	57
	10	買主の義務	58
	11	代金の支払場所（民法第５７４条関係）	58
	12	権利を失うおそれがある場合の買主による代金支払の拒絶（民法第５７６条関係）	58
	13	抵当権等の登記がある場合の買主による代金支払の拒絶（民法第５７７条関係）	58
	14	目的物の滅失又は損傷に関する危険の移転	58
	15	買戻し（民法第５７９条ほか関係）	59
第36	贈与		59
	1	贈与契約の意義（民法第５４９条関係）	59
	2	贈与者の責任（民法第５５１条関係）	59

	3	贈与契約の解除による返還義務の特則	60
	4	贈与者の困窮による贈与契約の解除	60
	5	受贈者に著しい非行があった場合の贈与契約の解除	60
第37	消費貸借		60
	1	消費貸借の成立等（民法第587条関係）	60
	2	消費貸借の予約（民法第589条関係）	61
	3	準消費貸借（民法第588条関係）	61
	4	利息	61
	5	貸主の担保責任（民法第590条関係）	61
	6	期限前弁済（民法第591条第2項，第136条第2項関係）	62
第38	賃貸借		62
	1	賃貸借の成立（民法第601条関係）	62
	2	短期賃貸借（民法第602条関係）	62
	3	賃貸借の存続期間（民法第604条関係）	62
	4	不動産賃貸借の対抗力，賃貸人たる地位の移転等（民法第605条関係）	62
	5	合意による賃貸人たる地位の移転	63
	6	不動産の賃借人による妨害排除等請求権	63
	7	敷金	63
	8	賃貸物の修繕等（民法第606条第1項関係）	64
	9	減収による賃料の減額請求等（民法第609条・第610条関係）	64
	10	賃借物の一部滅失等による賃料の減額（民法第611条関係）	64
	11	転貸の効果（民法第613条関係）	64
	12	賃借物の全部滅失等による賃貸借の終了	65
	13	賃貸借終了後の収去義務及び原状回復義務（民法第616条，第598条関係）	65
	14	損害賠償及び費用償還の請求権に関する期間制限（民法第621条，第600条関係）	65
	15	賃貸借に類似する契約	66
第39	使用貸借		66
	1	使用貸借の成立等（民法第593条関係）	66
	2	使用貸借の終了（民法第597条関係）	67
	3	使用貸借終了後の収去義務及び原状回復義務（民法第598条関係）	67
	4	損害賠償及び費用償還の請求権に関する期間制限（民法第600条関係）	67
第40	請負		68
	1	仕事が完成しなかった場合の報酬請求権・費用償還請求権	68
	2	仕事の目的物が契約の趣旨に適合しない場合の請負人の責任	68
	(1)	仕事の目的物が契約の趣旨に適合しない場合の修補請求権の限界（民法第634条第1項関係）	68
	(2)	仕事の目的物が契約の趣旨に適合しないことを理由とする解除(民法第635条関係)	68
	(3)	仕事の目的物が契約の趣旨に適合しない場合の注文者の権利の期間制限（民法第63	

　　　　　７条関係） 68
　　　(4) 仕事の目的物である土地工作物が契約の趣旨に適合しない場合の請負人の責任の存続
　　　　　期間（民法第６３８条関係） 69
　　　(5) 仕事の目的物が契約の趣旨に適合しない場合の請負人の責任の免責特約（民法第６４
　　　　　０条関係） 69
　　３　注文者についての破産手続の開始による解除（民法第６４２条関係） 69
第41　委任 69
　　１　受任者の自己執行義務 69
　　２　受任者の金銭の消費についての責任（民法第６４７条関係） 70
　　３　受任者が受けた損害の賠償義務（民法第６５０条第３項関係） 70
　　４　報酬に関する規律 70
　　　(1) 無償性の原則の見直し（民法第６４８条第１項関係） 70
　　　(2) 報酬の支払時期（民法第６４８条第２項関係） 70
　　　(3) 委任事務の全部又は一部を処理することができなくなった場合の報酬請求権（民法第
　　　　　６４８条第３項関係） 70
　　５　委任の終了に関する規定 71
　　　(1) 委任契約の任意解除権（民法第６５１条関係） 71
　　　(2) 破産手続開始による委任の終了（民法第６５３条第２号関係） 71
　　６　準委任（民法第６５６条関係） 71
第42　雇用 72
　　１　報酬に関する規律（労務の履行が中途で終了した場合の報酬請求権） 72
　　２　期間の定めのある雇用の解除（民法第６２６条関係） 72
　　３　期間の定めのない雇用の解約の申入れ（民法第６２７条関係） 72
第43　寄託 72
　　１　寄託契約の成立等 72
　　　(1) 寄託契約の成立（民法第６５７条関係） 72
　　　(2) 寄託者の破産手続開始の決定による解除 73
　　２　寄託者の自己執行義務（民法第６５８条関係） 73
　　３　受寄者の保管に関する注意義務（民法第６５９条関係） 73
　　４　寄託物についての第三者の権利主張（民法第６６０条関係） 74
　　５　寄託者の損害賠償責任（民法第６６１条関係） 74
　　６　報酬に関する規律（民法第６６５条関係） 74
　　７　寄託物の損傷又は一部滅失の場合における寄託者の損害賠償請求権の短期期間制限... 74
　　８　寄託者による返還請求（民法第６６２条関係） 75
　　９　寄託物の受取後における寄託者の破産手続開始の決定 75
　　10　混合寄託 75
　　11　消費寄託（民法第６６６条関係） 75
第44　組合 76
　　１　組合契約の無効又は取消し 76

8

2	他の組合員が出資債務を履行しない場合	76
3	組合の財産関係（民法第６６８条ほか関係）	76
4	組合の業務執行（民法第６７０条関係）	76
5	組合代理	77
6	組合員の加入	77
7	組合員の脱退（民法第６７８条から第６８１条まで関係）	77
8	組合の解散事由（民法第６８２条関係）	78
9	組合の清算	78
第45	終身定期金	78
第46	和解	78

(前注)
1　この中間試案において主な検討対象とした民法の規定は，次のとおりである。
　　第１編（総則）　第９０条から第１７４条の２まで
　　第３編（債権）　第３９９条から第６９６条まで
2　この中間試案では，上記１の民法の規定に関して，現時点で改正が検討されている項目のみを取り上げており，特に言及していない規定は維持することが想定されている。

第１　法律行為総則
　１　法律行為の意義（民法第１編第５章第１節関係）
　　(1) 法律行為は，法令の規定に従い，意思表示に基づいてその効力を生ずるものとする。
　　(2) 法律行為には，契約のほか，取消し，遺言その他の単独行為が含まれるものとする。
　　（注）これらのような規定を設けないという考え方がある。

　２　公序良俗（民法第９０条関係）
　　民法第９０条の規律を次のように改めるものとする。
　　(1) 公の秩序又は善良の風俗に反する法律行為は，無効とするものとする。
　　(2) 相手方の困窮，経験の不足，知識の不足その他の相手方が法律行為をするかどうかを合理的に判断することができない事情があることを利用して，著しく過大な利益を得，又は相手方に著しく過大な不利益を与える法律行為は，無効とするものとする。
　　（注）上記(2)（いわゆる暴利行為）について，相手方の窮迫，軽率又は無経験に乗じて著しく過当な利益を獲得する法律行為は無効とする旨の規定を設けるという考え方がある。また，規定を設けないという考え方がある。

第２　意思能力
　　法律行為の当事者が，法律行為の時に，その法律行為をすることの意味を理解する能力を有していなかったときは，その法律行為は，無効とするものとする。
　（注１）意思能力の定義について，「事理弁識能力」とする考え方や，特に定義を設けず，意思能力を欠く状態でされた法律行為を無効とすることのみを規定するという考え方がある。
　（注２）意思能力を欠く状態でされた法律行為の効力について，本文の規定に加えて日常生活に関する行為についてはこの限りでない（無効とならない）旨の規定を設けるという考え方がある。

第3　意思表示
　1　心裡留保（民法第93条関係）
　　民法第93条の規律を次のように改めるものとする。
　　(1)　意思表示は，表意者がその真意ではないことを知ってしたときであっても，そのためにその効力を妨げられないものとする。ただし，相手方が表意者の真意ではないことを知り，又は知ることができたときは，その意思表示は，無効とするものとする。
　　(2)　上記(1)による意思表示の無効は，善意の第三者に対抗することができないものとする。

　2　錯誤（民法第95条関係）
　　民法第95条の規律を次のように改めるものとする。
　　(1)　意思表示に錯誤があった場合において，表意者がその真意と異なることを知っていたとすれば表意者はその意思表示をせず，かつ，通常人であってもその意思表示をしなかったであろうと認められるときは，表意者は，その意思表示を取り消すことができるものとする。
　　(2)　目的物の性質，状態その他の意思表示の前提となる事項に錯誤があり，かつ，次のいずれかに該当する場合において，当該錯誤がなければ表意者はその意思表示をせず，かつ，通常人であってもその意思表示をしなかったであろうと認められるときは，表意者は，その意思表示を取り消すことができるものとする。
　　　ア　意思表示の前提となる当該事項に関する表意者の認識が法律行為の内容になっているとき。
　　　イ　表意者の錯誤が，相手方が事実と異なることを表示したために生じたものであるとき。
　　(3)　上記(1)又は(2)の意思表示をしたことについて表意者に重大な過失があった場合には，次のいずれかに該当するときを除き，上記(1)又は(2)による意思表示の取消しをすることができないものとする。
　　　ア　相手方が，表意者が上記(1)又は(2)の意思表示をしたことを知り，又は知らなかったことについて重大な過失があるとき。
　　　イ　相手方が表意者と同一の錯誤に陥っていたとき。
　　(4)　上記(1)又は(2)による意思表示の取消しは，善意でかつ過失がない第三者に対抗することができないものとする。
　　（注）上記(2)イ（不実表示）については，規定を設けないという考え方がある。

　3　詐欺（民法第96条関係）
　　民法第96条の規律を次のように改めるものとする。
　　(1)　詐欺又は強迫による意思表示は，取り消すことができるものとする。
　　(2)　相手方のある意思表示において，相手方から契約の締結について媒介をす

ることの委託を受けた者又は相手方の代理人が詐欺を行ったときも，上記(1)と同様とする（その意思表示を取り消すことができる）ものとする。
  (3) 相手方のある意思表示について第三者が詐欺を行った場合においては，上記(2)の場合を除き，相手方がその事実を知り，又は知ることができたときに限り，その意思表示を取り消すことができるものとする。
  (4) 詐欺による意思表示の取消しは，善意でかつ過失がない第三者に対抗することができないものとする。
   （注）上記(2)については，媒介受託者及び代理人のほか，その行為について相手方が責任を負うべき者が詐欺を行ったときも上記(1)と同様とする旨の規定を設けるという考え方がある。

4 　意思表示の効力発生時期等（民法第９７条関係）
  民法第９７条の規律を次のように改めるものとする。
  (1) 相手方のある意思表示は，相手方に到達した時からその効力を生ずるものとする。
  (2) 上記(1)の到達とは，相手方が意思表示を了知したことのほか，次に掲げることをいうものとする。
    ア　相手方又は相手方のために意思表示を受ける権限を有する者（以下この項目において「相手方等」という。）の住所，常居所，営業所，事務所又は相手方等が意思表示の通知を受けるべき場所として指定した場所において，意思表示を記載した書面が配達されたこと。
    イ　その他，相手方等が意思表示を了知することができる状態に置かれたこと。
  (3) 相手方のある意思表示が通常到達すべき方法でされた場合において，相手方等が正当な理由がないのに到達に必要な行為をしなかったためにその意思表示が相手方に到達しなかったときは，その意思表示は，通常到達すべきであった時に到達したとみなすものとする。
  (4) 隔地者に対する意思表示は，表意者が通知を発した後に死亡し，意思能力を喪失し，又は行為能力の制限を受けたときであっても，そのためにその効力を妨げられないものとする。

5 　意思表示の受領能力（民法第９８条の２関係）
  民法第９８条の２の規律に付け加えて，次のような規定を設けるものとする。
  意思表示の相手方がその意思表示を受けた時に意思能力を欠く状態であったときは，その意思表示をもってその相手方に対抗することができないものとする。ただし，意思能力を欠く状態であった相手方が意思能力を回復した後にその意思表示を知った後は，この限りでないものとする。

第4 代理
 1 代理行為の要件及び効果（民法第99条第1項関係）
　民法第99条第1項の規律を次のように改めるものとする。
　(1) 代理人がその権限内において本人のためにすることを示してした意思表示は，本人に対して直接にその効力を生ずるものとする。
　(2) 代理人がその権限内において自らを本人であると称してした意思表示もまた，本人に対して直接にその効力を生ずるものとする。

 2 代理行為の瑕疵（民法第101条関係）
　民法第101条の規律を次のように改めるものとする。
　(1) 代理人が相手方に対してした意思表示の効力が，意思の不存在，詐欺，強迫又はある事情を知っていたこと若しくは知らなかったことにつき過失があったことによって影響を受けるべき場合には，その事実の有無は，代理人について決するものとする。
　(2) 相手方が代理人に対してした意思表示の効力が，意思表示を受けた者がある事情を知っていたこと又は知らなかったことにつき過失があったことによって影響を受けるべき場合には，その事実の有無は，代理人について決するものとする。
　(3) 本人が知っていた事情について，本人がこれを任意代理人に告げることが相当であった場合には，本人は，任意代理人がその事情を知らなかったことを主張することができないものとする。
　(4) 本人が過失によって知らなかった事情について，本人がこれを知って任意代理人に告げることが相当であった場合には，本人は，任意代理人がその事情を過失なく知らなかったことを主張することができないものとする。

 3 代理人の行為能力（民法第102条関係）
　民法第102条の規律を次のように改めるものとする。
　(1) 制限行為能力者が代理人である場合において，その者が代理人としてした行為は，行為能力の制限によっては取り消すことができないものとする。
　(2) 上記(1)にかかわらず，制限行為能力者が他の制限行為能力者の法定代理人である場合において，当該法定代理人が代理人としてした行為が当該法定代理人を当事者としてした行為であるとすれば取り消すことができるものであるときは，本人又は民法第120条第1項に規定する者は，当該行為を取り消すことができるものとする。

 4 代理人の権限（民法第103条関係）
　民法第103条の規律を次のように改めるものとする。
　(1) 任意代理人は，代理権の発生原因である法律行為によって定められた行為をする権限を有するものとする。

(2) 法定代理人は，法令によって定められた行為をする権限を有するものとする。
　(3) 上記(1)及び(2)によって代理人の権限が定まらない場合には，代理人は，次に掲げる行為のみをする権限を有するものとする。
　　ア　保存行為
　　イ　代理の目的である物又は権利の性質を変えない範囲内において，その利用又は改良を目的とする行為

5　復代理人を選任した任意代理人の責任（民法第１０５条関係）
　民法第１０５条を削除するものとする。

6　自己契約及び双方代理等（民法第１０８条関係）
　民法第１０８条の規律を次のように改めるものとする。
　(1) 代理人が自己を相手方とする行為をした場合又は当事者双方の代理人として行為をした場合には，当該行為は，代理権を有しない者がした行為とみなすものとする。
　(2) 上記(1)は，次のいずれかに該当する場合には，適用しないものとする。
　　ア　代理人がした行為が，本人があらかじめ許諾したものである場合
　　イ　代理人がした行為が，本人の利益を害さないものである場合
　(3) 代理人がした行為が上記(1)の要件を満たさない場合であっても，その行為が代理人と本人との利益が相反するものであるときは，上記(1)及び(2)を準用するものとする。
　（注１）上記(1)については，無権代理行為とみなして本人が追認の意思表示をしない限り当然に効果不帰属とするのではなく，本人の意思表示によって効果不帰属とすることができるという構成を採るという考え方がある。
　（注２）上記(3)については，規定を設けない（解釈に委ねる）という考え方がある。

7　代理権の濫用
　(1) 代理人が自己又は他人の利益を図る目的で代理権の範囲内の行為をした場合において，相手方が当該目的を知り，又は重大な過失によって知らなかったときは，本人は，相手方に対し，当該行為の効力を本人に対して生じさせない旨の意思表示をすることができるものとする。
　(2) 上記(1)の意思表示がされた場合には，上記(1)の行為は，初めから本人に対してその効力を生じなかったものとみなすものとする。
　(3) 上記(1)の意思表示は，第三者が上記(1)の目的を知り，又は重大な過失によって知らなかった場合に限り，第三者に対抗することができるものとする。
　（注）上記(1)については，本人が効果不帰属の意思表示をすることができるとするのではなく，当然に無効とするという考え方がある。

8 代理権授与の表示による表見代理（民法第１０９条関係）
　民法第１０９条の規律を次のように改めるものとする。
 (1) 本人が相手方に対して他人に代理権を与えた旨を表示した場合において，その他人がその表示された代理権の範囲内の行為をしたときは，本人は，当該行為について，その責任を負うものとする。ただし，相手方が，その他人がその表示された代理権を与えられていないことを知り，又は過失によって知らなかったときは，この限りでないものとする。
 (2) 上記(1)の他人がその表示された代理権の範囲外の行為をした場合において，相手方が当該行為についてその他人の代理権があると信ずべき正当な理由があるときは，本人は，当該行為について，その責任を負うものとする。ただし，相手方が，その他人がその表示された代理権を与えられていないことを知り，又は過失によって知らなかったときは，この限りでないものとする。

9 権限外の行為の表見代理（民法第１１０条関係）
　民法第１１０条の規律を次のように改めるものとする。
 (1) 代理人がその権限外の行為をした場合において，相手方が代理人の権限があると信ずべき正当な理由があるときは，本人は，当該行為について，その責任を負うものとする。
 (2) 代理人が自らを本人であると称してその権限外の行為をした場合において，相手方が代理人の行為が本人自身の行為であると信ずべき正当な理由があるときは，本人は，当該行為について，その責任を負うものとする。

10 代理権消滅後の表見代理（民法第１１２条関係）
　民法第１１２条の規律を次のように改めるものとする。
 (1) 代理人であった者が代理権の消滅後にその代理権の範囲内の行為をした場合において，相手方がその代理権の消滅の事実を知らなかったときは，本人は，当該行為について，その責任を負うものとする。ただし，相手方がその代理権の消滅の事実を知らなかったことにつき過失があったときは，この限りでないものとする。
 (2) 代理人であった者が代理権の消滅後にその代理権の範囲外の行為をした場合において，相手方が，その代理権の消滅の事実を知らず，かつ，当該行為についてその者の代理権があると信ずべき正当な理由があるときは，本人は，当該行為について，その責任を負うものとする。ただし，相手方がその代理権の消滅の事実を知らなかったことにつき過失があったときは，この限りでないものとする。

11 無権代理人の責任（民法第１１７条関係）
　民法第１１７条の規律を次のように改めるものとする。
(1) 他人の代理人として契約をした者は，その代理権を有していた場合又は本人の追認を得た場合を除き，相手方の選択に従い，相手方に対して履行又は損害賠償の責任を負うものとする。
(2) 上記(1)は，次のいずれかに該当する場合には，適用しないものとする。
　ア　他人の代理人として契約をした者が代理権を有しないことを相手方が知っていた場合
　イ　他人の代理人として契約をした者が代理権を有しないことを相手方が過失によって知らなかった場合。ただし，他人の代理人として契約をした者が自己に代理権がないことを自ら知っていたときを除くものとする。
　ウ　他人の代理人として契約をした者が自己に代理権がないことを知らなかった場合。ただし，重大な過失によって知らなかったときを除くものとする。
　エ　他人の代理人として契約をした者が行為能力を有しなかった場合

12 授権（処分権授与）
(1) 他人に対し，その他人を当事者とする法律行為によって自己の所有権その他の権利を処分する権限を与えた場合において，その他人が相手方との間で当該法律行為をしたときは，当該権利は，相手方に直接移転するものとする。この場合において，当該権利を有していた者は，相手方に対し，その他人と相手方との間の法律行為においてその他人が相手方に対して主張することのできる事由を，主張することができるものとする。
(2) 上記(1)の場合については，その性質に反しない限り，代理に関する規定を準用するものとする。
（注）授権に関する規定は設けない（解釈に委ねる）という考え方がある。

第５　無効及び取消し
１　法律行為の一部無効
　法律行為の一部が無効となる場合であっても，法律行為のその余の部分の効力は妨げられないものとする。ただし，当該一部が無効であることを知っていれば当事者がその法律行為をしなかったと認められる場合には，その法律行為は無効とするものとする。
（注）このような規定を設けないという考え方がある。

２　無効な法律行為の効果
(1) 無効な法律行為（取り消されたために無効であったとみなされた法律行為を含む。）に基づく債務の履行として給付を受けた者は，その給付を受けたもの及びそれから生じた果実を返還しなければならないものとする。この場合

において，給付を受けたもの及びそれから生じた果実の返還をすることができないときは，その価額の償還をしなければならないものとする。
(2) 上記(1)の無効な法律行為が有償契約である場合において，給付を受けた者が給付を受けた当時，その法律行為の無効であること又は取り消すことができることを知らなかったときは，給付を受けたものの価額の償還義務は，給付を受けた者が当該法律行為に基づいて給付し若しくは給付すべきであった価値の額又は現に受けている利益の額のいずれか多い額を限度とするものとする。
(3) 上記(1)の無効な法律行為が有償契約以外の法律行為である場合において，給付を受けた者が給付を受けた当時，その法律行為の無効であること又は取り消すことができることを知らなかったときは，給付を受けた者は，それを知った時点でその法律行為によって現に利益を受けていた限度において上記(1)の返還の義務を負うものとする。
(4) 民法第１２１条ただし書の規律に付け加えて，次のような規定を設けるものとする。
　意思能力を欠く状態で法律行為をした者は，その法律行為によって現に利益を受けている限度において，返還の義務を負うものとする。ただし，意思能力を欠く状態で法律行為をした者が意思能力を回復した後にその行為を了知したときは，その了知をした時点でその法律行為によって現に利益を受けていた限度において，返還の義務を負うものとする。
(注) 上記(2)については，「給付を受けた者が当該法律行為に基づいて給付し若しくは給付すべきであった価値の額又は現に受けている利益の額のいずれか多い額」を限度とするのではなく，「給付を受けた者が当該法律行為に基づいて給付し若しくは給付すべきであった価値の額」を限度とするという考え方がある。

3　追認の効果（民法第１２２条関係）
　民法第１２２条ただし書を削除するものとする。

4　取り消すことができる行為の追認（民法第１２４条関係）
　民法第１２４条の規律を次のように改めるものとする。
(1) 取り消すことができる行為の追認は，取消しの原因となっていた状況が消滅し，かつ，追認権者が取消権を行使することができることを知った後にしなければ，その効力を生じないものとする。
(2) 次に掲げるいずれかの場合には，上記(1)の追認は，取消しの原因となっていた状況が消滅した後にすることを要しないものとする。
　ア　法定代理人又は制限行為能力者の保佐人若しくは補助人が追認をする場合
　イ　制限行為能力者（成年被後見人を除く。）が法定代理人，保佐人又は補助

人の同意を得て追認をする場合

5 法定追認(民法第125条関係)
民法第125条の規律に,法定追認事由として,「弁済の受領」及び「担保権の取得」を付け加えるものとする。
(注)「弁済の受領」及び「担保権の取得」を付け加えないという考え方がある。

6 取消権の行使期間(民法第126条関係)
民法第126条の規律を改め,取消権は,追認をすることができる時から3年間行使しないときは時効によって消滅するものとし,行為の時から10年を経過したときも,同様とするものとする。
(注)民法第126条の規律を維持するという考え方がある。

第6 条件及び期限
1 条件
条件に関する民法第127条から第134条までの規律は,基本的に維持した上で,次のように改めるものとする。
(1) 民法第127条に条件という用語の定義を付け加え,条件とは,法律行為の効力の発生・消滅又は債務の履行を将来発生することが不確実な事実の発生に係らしめる特約をいうものとする。
(2) 民法第130条の規律を次のように改めるものとする。
ア 条件が成就することによって不利益を受ける当事者が,条件を付した趣旨に反して故意にその条件の成就を妨げたときは,相手方は,その条件が成就したものとみなすことができるものとする。
イ 条件が成就することによって利益を受ける当事者が,条件を付した趣旨に反して故意にその条件を成就させたときは,相手方は,その条件が成就しなかったものとみなすことができるものとする。

2 期限
期限に関する民法第135条から第137条までの規律は,基本的に維持した上で,次のように改めるものとする。
(1) 民法第135条に期限という用語の定義を付け加え,期限とは,法律行為の効力の発生・消滅又は債務の履行を将来発生することが確実な事実の発生に係らしめる特約をいうものとする。
(2) 民法第135条第1項の規律を次のように改めるものとする。
ア 法律行為に始期を付したときは,その法律行為の効力は,期限が到来した時に発生するものとする。
イ 債務の履行に始期を付したときは,期限が到来するまで,その履行を請求することができないものとする。

(3) 民法第137条第2号の規律を改め，債務者が，その義務に反して，担保を滅失させ，損傷させ，又は減少させたときは，債務者は，期限の利益を主張することができないものとする。

第7　消滅時効
 1　職業別の短期消滅時効の廃止
　　民法第170条から第174条までを削除するものとする。

 2　債権の消滅時効における原則的な時効期間と起算点
　　【甲案】　「権利を行使することができる時」（民法第166条第1項）という起算点を維持した上で，10年間（同法第167条第1項）という時効期間を5年間に改めるものとする。
　　【乙案】　「権利を行使することができる時」（民法第166条第1項）という起算点から10年間（同法第167条第1項）という時効期間を維持した上で，「債権者が債権発生の原因及び債務者を知った時（債権者が権利を行使することができる時より前に債権発生の原因及び債務者を知っていたときは，権利を行使することができる時）」という起算点から［3年間／4年間／5年間］という時効期間を新たに設け，いずれかの時効期間が満了した時に消滅時効が完成するものとする。
　　（注）【甲案】と同様に「権利を行使することができる時」（民法第166条第1項）という起算点を維持するとともに，10年間（同法第167条第1項）という時効期間も維持した上で，事業者間の契約に基づく債権については5年間，消費者契約に基づく事業者の消費者に対する債権については3年間の時効期間を新たに設けるという考え方がある。

 3　定期金債権の消滅時効（民法第168条第1項関係）
　(1) 民法第168条第1項前段の規律を改め，定期金の債権についての消滅時効は，次の場合に完成するものとする。
　　ア　第1回の弁済期から［10年間］行使しないとき
　　イ　最後に弁済があった時において未払となっている給付がある場合には，最後の弁済の時から［10年間］行使しないとき
　　ウ　最後に弁済があった時において未払となっている給付がない場合には，次の弁済期から［10年間］行使しないとき
　(2) 民法第168条第1項後段を削除するものとする。

 4　不法行為による損害賠償請求権の消滅時効（民法第724条関係）
　　民法第724条の規律を改め，不法行為による損害賠償の請求権は，次に掲げる場合のいずれかに該当するときは，時効によって消滅するものとする。
　(1) 被害者又はその法定代理人が損害及び加害者を知った時から3年間行使し

ないとき
　(2) 不法行為の時から２０年間行使しないとき

5　生命・身体の侵害による損害賠償請求権の消滅時効
　　生命・身体［又はこれらに類するもの］の侵害による損害賠償請求権の消滅時効については，前記２における債権の消滅時効における原則的な時効期間に応じて，それよりも長期の時効期間を設けるものとする。
　　（注）このような特則を設けないという考え方がある。

6　時効期間の更新事由
　　時効の中断事由の規律（民法第１４７条ほか）を次のように改めるものとする。
　(1) 時効期間は，次に掲げる事由によって更新されるものとする。
　　ア　確定判決によって権利が確定したこと。
　　イ　裁判上の和解，調停その他確定判決と同一の効力を有するものによって権利が確定したこと。
　　ウ　強制執行又は担保権の実行としての競売の手続が終了したこと（権利の満足に至らない場合に限る。）。ただし，当該手続が権利者の請求により又は法律の規定に従わないことにより取り消されたときを除くものとする。
　　エ　相手方の権利を承認したこと。
　(2) 上記(1)ア又はイに該当するときは，それぞれその確定の時から，新たに［１０年間］の時効期間が進行を始めるものとする。
　(3) 上記(1)ウに該当するときは当該手続が終了した時から，上記(1)エに該当するときはその承認があった時から，新たに前記２又は４の原則的な時効期間と同一の時効期間が進行を始めるものとする。ただし，従前の時効期間の残存期間が原則的な時効期間より長い場合には，時効期間の更新の効力が生じないものとする。

7　時効の停止事由
　　時効の停止事由に関して，民法第１５８条から第１６０条までの規律を維持するほか，次のように改めるものとする。
　(1) 次に掲げる事由がある場合において，前記６(1)の更新事由が生ずることなくこれらの手続が終了したときは，その終了の時から６か月を経過するまでの間は，時効は，完成しないものとする。この場合において，その期間中に行われた再度のこれらの手続については，時効の停止の効力を有しないものとする。
　　ア　裁判上の請求
　　イ　支払督促の申立て
　　ウ　和解の申立て又は民事調停法・家事事件手続法による調停の申立て

エ　破産手続参加，再生手続参加又は更生手続参加
オ　強制執行，担保権の実行としての競売その他の民事執行の申立て
カ　仮差押命令その他の保全命令の申立て
(2)　上記(1)アによる時効の停止の効力は，債権の一部について訴えが提起された場合であっても，その債権の全部に及ぶものとする。
(3)　民法第155条の規律を改め，上記(1)オ又はカの申立ては，時効の利益を受ける者に対してしないときは，その者に通知をした後でなければ，時効の停止の効力を生じないものとする。
(4)　民法第153条の規律を改め，催告があったときは，その時から6か月を経過するまでの間は，時効は，完成しないものとする。この場合において，その期間中に行われた再度の催告は，時効の停止の効力を有しないものとする。
(5)　民法第161条の規律を改め，時効期間の満了の時に当たり，天災その他避けることのできない事変のため上記(1)アからカまでの手続を行うことができないときは，その障害が消滅した時から6か月を経過するまでの間は，時効は，完成しないものとする。
(6)　当事者間で権利に関する協議を行う旨の［書面による］合意があったときは，次に掲げる期間のいずれかを経過するまでの間は，時効は，完成しないものとする。
ア　当事者の一方が相手方に対して協議の続行を拒絶する旨の［書面による］通知をした時から6か月
イ　上記合意があった時から［1年］
（注）上記(6)については，このような規定を設けないという考え方がある。

8　時効の効果
　　消滅時効に関して，民法第144条及び第145条の規律を次のように改めるものとする。
(1)　時効期間が満了したときは，当事者又は権利の消滅について正当な利益を有する第三者は，消滅時効を援用することができるものとする。
(2)　消滅時効の援用がされた権利は，時効期間の起算日に遡って消滅するものとする。
（注）上記(2)については，権利の消滅について定めるのではなく，消滅時効の援用がされた権利の履行を請求することができない旨を定めるという考え方がある。

第8　債権の目的
1　特定物の引渡しの場合の注意義務（民法第400条関係）
　　民法第400条の規律を次のように改めるものとする。
(1)　契約によって生じた債権につき，その内容が特定物の引渡しであるときは，

債務者は，引渡しまで，［契約の性質，契約をした目的，契約締結に至る経緯その他の事情に基づき，取引通念を考慮して定まる］当該契約の趣旨に適合する方法により，その物を保存しなければならないものとする。
(2) 契約以外の原因によって生じた債権につき，その内容が特定物の引渡しであるときは，債務者は，引渡しまで，善良な管理者の注意をもって，その物を保存しなければならないものとする。
(注) 民法第４００条の規律を維持するという考え方がある。

2 種類債権の目的物の特定（民法第４０１条第２項関係）
種類債権の目的物の特定（民法第４０１条第２項）が生ずる事由につき，「債権者と債務者との合意により目的物を指定したとき」を付加するものとする。

3 外国通貨債権（民法第４０３条関係）
民法第４０３条の規律を次のように改めるものとする。
(1) 外国の通貨で債権額を指定した場合において，別段の意思表示がないときは，債務者は，その外国の通貨で履行をしなければならないものとする。
(2) 外国の通貨で債権額を指定した場合において，別段の意思表示がないときは，債権者は，その外国の通貨でのみ履行を請求することができるものとする。

4 法定利率（民法第４０４条関係）
(1) 変動制による法定利率
民法第４０４条が定める法定利率を次のように改めるものとする。
ア 法改正時の法定利率は年［３パーセント］とするものとする。
イ 上記アの利率は，下記ウで細目を定めるところに従い，年１回に限り，基準貸付利率（日本銀行法第３３条第１項第２号の貸付に係る基準となるべき貸付利率をいう。以下同じ。）の変動に応じて［０．５パーセント］の刻みで，改定されるものとする。
ウ 上記アの利率の改定方法の細目は，例えば，次のとおりとするものとする。
(ｱ) 改定の有無が定まる日（基準日）は，１年のうち一定の日に固定して定めるものとする。
(ｲ) 法定利率の改定は，基準日における基準貸付利率について，従前の法定利率が定まった日（旧基準日）の基準貸付利率と比べて［０．５パーセント］以上の差が生じている場合に，行われるものとする。
(ｳ) 改定後の新たな法定利率は，基準日における基準貸付利率に所要の調整値を加えた後，これに［０．５パーセント］刻みの数値とするための所要の修正を行うことによって定めるものとする。
(注１) 上記イの規律を設けない（固定制を維持する）という考え方がある。

（注２）民法の法定利率につき変動制を導入する場合における商事法定利率
　　　　（商法第５１４条）の在り方について，その廃止も含めた見直しの検討
　　　　をする必要がある。

　(2) 法定利率の適用の基準時等
　　ア　利息を生ずべき債権について別段の意思表示がないときは，その利率は，
　　　利息を支払う義務が生じた最初の時点の法定利率によるものとする。
　　イ　金銭の給付を内容とする債務の不履行については，その損害賠償の額は，
　　　当該債務につき債務者が遅滞の責任を負った最初の時点の法定利率による
　　　ものとする。
　　ウ　債権の存続中に法定利率の改定があった場合に，改定があった時以降の
　　　当該債権に適用される利率は，改定後の法定利率とするものとする。

　(3) 中間利息控除
　　　損害賠償額の算定に当たって中間利息控除を行う場合には，それに用いる
　　割合は，年［５パーセント］とするものとする。
　　（注）このような規定を設けないという考え方がある。また，中間利息控除
　　　　の割合についても前記(1)の変動制の法定利率を適用する旨の規定を設
　　　　けるという考え方がある。

５　選択債権（民法第４０６条ほか関係）
　　選択債権に関する民法第４０６条から第４１１条までの規律を基本的に維持
　した上で，次のように改めるものとする。
　(1) 民法第４０９条の規律に付け加えて，第三者が選択をすべき場合には，そ
　　の選択の意思表示は，債権者及び債務者の承諾がなければ撤回することがで
　　きないものとする。
　(2) 民法第４１０条を削除するものとする。
　(3) 選択の対象である給付の中に履行請求権の限界事由（後記第９，２に掲げ
　　る事由をいう。）があるものがある場合（第三者が選択をすべき場合を除く。）
　　において，その事由が選択権を有する当事者による選択権付与の趣旨に反す
　　る行為によって生じたときは，その選択権は，相手方に移転するものとする。

第９　履行請求権等
　１　債権の請求力
　　　債権者は，債務者に対して，その債務の履行を請求することができるものと
　　する。

　２　契約による債権の履行請求権の限界事由
　　　契約による債権（金銭債権を除く。）につき次に掲げるいずれかの事由（以下

「履行請求権の限界事由」という。）があるときは，債権者は，債務者に対して
その履行を請求することができないものとする。
　ア　履行が物理的に不可能であること。
　イ　履行に要する費用が，債権者が履行により得る利益と比べて著しく過大な
　　ものであること。
　ウ　その他，当該契約の趣旨に照らして，債務者に債務の履行を請求すること
　　が相当でないと認められる事由

　3　履行の強制（民法第414条関係）
　　　民法第414条の規律を次のように改めるものとする。
　　(1) 債権者が債務の履行を請求することができる場合において，債務者が任意
　　　に債務の履行をしないときは，債権者は，民事執行法の規定に従い，直接強
　　　制，代替執行，間接強制その他の方法による履行の強制を裁判所に請求する
　　　ことができるものとする。ただし，債務の性質がこれを許さないときは，こ
　　　の限りでないものとする。
　　(2) 上記(1)は，損害賠償の請求を妨げないものとする。
　　(3) 民法第414条第2項及び第3項を削除するものとする。
　　（注）上記(3)については，民法第414条第2項及び第3項の削除に伴って，
　　　　その規定内容を民事執行法において定めることと併せて，引き続き検討す
　　　　る必要がある。

第10　債務不履行による損害賠償
　1　債務不履行による損害賠償とその免責事由（民法第415条前段関係）
　　　民法第415条前段の規律を次のように改めるものとする。
　　(1) 債務者がその債務の履行をしないときは，債権者は，債務者に対し，その
　　　不履行によって生じた損害の賠償を請求することができるものとする。
　　(2) 契約による債務の不履行が，当該契約の趣旨に照らして債務者の責めに帰
　　　することのできない事由によるものであるときは，債務者は，その不履行に
　　　よって生じた損害を賠償する責任を負わないものとする。
　　(3) 契約以外による債務の不履行が，その債務が生じた原因その他の事情に照
　　　らして債務者の責めに帰することのできない事由によるものであるときは，
　　　債務者は，その不履行によって生じた損害を賠償する責任を負わないものと
　　　する。

　2　履行遅滞の要件（民法第412条関係）
　　　民法第412条の規律を維持した上で，同条第2項の規律に付け加えて，債
　　権者が不確定期限の到来したことを債務者に通知し，それが債務者に到達した
　　ときも，債務者はその到達の時から遅滞の責任を負うものとする。

3 債務の履行に代わる損害賠償の要件（民法第415条後段関係）
民法第415条後段の規律を次のように改めるものとする。
(1) 次のいずれかに該当する場合には，債権者は，債務者に対し，債務の履行に代えて，その不履行による損害の賠償を請求することができるものとする。
   ア その債務につき，履行請求権の限界事由があるとき。
   イ 債権者が，債務不履行による契約の解除をしたとき。
   ウ 上記イの解除がされていない場合であっても，債権者が相当の期間を定めて債務の履行の催告をし，その期間内に履行がないとき。
(2) 債務者がその債務の履行をする意思がない旨を表示したことその他の事由により，債務者が履行をする見込みがないことが明白であるときも，上記(1)と同様とするものとする。
(3) 上記(1)又は(2)の損害賠償を請求したときは，債権者は，債務者に対し，その債務の履行を請求することができないものとする。

4 履行遅滞後に履行請求権の限界事由が生じた場合における損害賠償の免責事由
履行期を経過し債務者が遅滞の責任を負う債務につき履行請求権の限界事由が生じた場合には，債務者は，その限界事由が生じたことにつき前記1(2)又は(3)の免責事由があるときであっても，前記3の損害賠償の責任を負うものとする。ただし，履行期までに債務を履行するかどうかにかかわらず履行請求権の限界事由が生ずべきであったとき（前記1(2)又は(3)の免責事由があるときに限る。）は，その責任を免れるものとする。

5 代償請求権
履行請求権の限界事由が生じたのと同一の原因により債務者が債務の目的物の代償と認められる権利又は利益を取得した場合において，債務不履行による損害賠償につき前記1(2)又は(3)の免責事由があるときは，債権者は，自己の受けた損害の限度で，その権利の移転又は利益の償還を請求することができるものとする。
　（注）「債務不履行による損害賠償につき前記1(2)又は(3)の免責事由があるとき」という要件を設けないという考え方がある。

6 契約による債務の不履行における損害賠償の範囲（民法第416条関係）
民法第416条の規律を次のように改めるものとする。
(1) 契約による債務の不履行に対する損害賠償の請求は，当該不履行によって生じた損害のうち，次に掲げるものの賠償をさせることをその目的とするものとする。
   ア 通常生ずべき損害
   イ その他，当該不履行の時に，当該不履行から生ずべき結果として債務者

が予見し，又は契約の趣旨に照らして予見すべきであった損害
(2) 上記(1)に掲げる損害が，債務者が契約を締結した後に初めて当該不履行から生ずべき結果として予見し，又は予見すべきものとなったものである場合において，債務者がその損害を回避するために当該契約の趣旨に照らして相当と認められる措置を講じたときは，債務者は，その損害を賠償する責任を負わないものとする。
（注1）上記(1)アの通常生ずべき損害という要件を削除するという考え方がある。
（注2）上記(1)イについては，民法第416条第2項を基本的に維持した上で，同項の「予見」の主体が債務者であり，「予見」の基準時が不履行の時であることのみを明記するという考え方がある。

7　過失相殺の要件・効果（民法第418条関係）
民法第418条の規律を次のように改めるものとする。
債務の不履行に関して，又はこれによる損害の発生若しくは拡大に関して，それらを防止するために状況に応じて債権者に求めるのが相当と認められる措置を債権者が講じなかったときは，裁判所は，これを考慮して，損害賠償の額を定めることができるものとする。

8　損益相殺
債務者が債務の不履行による損害賠償の責任を負うべき場合において，債権者がその不履行と同一の原因により利益を得たときは，裁判所は，これを考慮して，損害賠償の額を定めるものとする。

9　金銭債務の特則（民法第419条関係）
(1) 民法第419条の規律に付け加えて，債権者は，契約による金銭債務の不履行による損害につき，同条第1項及び第2項によらないで，損害賠償の範囲に関する一般原則（前記6）に基づき，その賠償を請求することができるものとする。
(2) 民法第419条第3項を削除するものとする。
（注1）上記(1)については，規定を設けないという考え方がある。
（注2）上記(2)については，民法第419条第3項を維持するという考え方がある。

10　賠償額の予定（民法第420条関係）
(1) 民法第420条第1項後段を削除するものとする。
(2) 賠償額の予定をした場合において，予定した賠償額が，債権者に現に生じた損害の額，当事者が賠償額の予定をした目的その他の事情に照らして著しく過大であるときは，債権者は，相当な部分を超える部分につき，債務者に

その履行を請求することができないものとする。
  （注１）上記(1)については，民法第４２０条第１項後段を維持するという考え方がある。
  （注２）上記(2)については，規定を設けないという考え方がある。

第11　契約の解除
 1　債務不履行による契約の解除の要件（民法第５４１条ほか関係）
　　民法第５４１条から第５４３条までの規律を次のように改めるものとする。
  (1) 当事者の一方がその債務を履行しない場合において，相手方が相当の期間を定めて履行の催告をし，その期間内に履行がないときは，相手方は，契約の解除をすることができるものとする。ただし，その期間が経過した時の不履行が契約をした目的の達成を妨げるものでないときは，この限りでないものとする。
  (2) 当事者の一方がその債務を履行しない場合において，その不履行が次に掲げるいずれかの要件に該当するときは，相手方は，上記(1)の催告をすることなく，契約の解除をすることができるものとする。
    ア　契約の性質又は当事者の意思表示により，特定の日時又は一定の期間内に履行をしなければ契約をした目的を達することができない場合において，当事者の一方が履行をしないでその時期を経過したこと。
    イ　その債務の全部につき，履行請求権の限界事由があること。
    ウ　上記ア又はイに掲げるもののほか，当事者の一方が上記(1)の催告を受けても契約をした目的を達するのに足りる履行をする見込みがないことが明白であること。
  (3) 当事者の一方が履行期の前にその債務の履行をする意思がない旨を表示したことその他の事由により，その当事者の一方が履行期に契約をした目的を達するのに足りる履行をする見込みがないことが明白であるときも，上記(2)と同様とするものとする。
  （注）解除の原因となる債務不履行が「債務者の責めに帰することができない事由」（民法第５４３条参照）による場合には，上記(1)から(3)までのいずれかに該当するときであっても，契約の解除をすることができないものとするという考え方がある。

 2　複数契約の解除
　　同一の当事者間で締結された複数の契約につき，それらの契約の内容が相互に密接に関連付けられている場合において，そのうち一の契約に債務不履行による解除の原因があり，これによって複数の契約をした目的が全体として達成できないときは，相手方は，当該複数の契約の全てを解除することができるものとする。
  （注）このような規定を設けないという考え方がある。

3 契約の解除の効果（民法第５４５条関係）
　　民法第５４５条の規律を次のように改めるものとする。
　(1) 当事者の一方がその解除権を行使したときは、各当事者は、その契約に基づく債務の履行を請求することができないものとする。
　(2) 上記(1)の場合には、各当事者は、その相手方を原状に復させる義務を負うものとする。ただし、第三者の権利を害することはできないものとする。
　(3) 上記(2)の義務を負う場合において、金銭を返還するときは、その受領の時から利息を付さなければならないものとする。
　(4) 上記(2)の義務を負う場合において、給付を受けた金銭以外のものを返還するときは、その給付を受けたもの及びそれから生じた果実を返還しなければならないものとする。この場合において、その給付を受けたもの及びそれから生じた果実を返還することができないときは、その価額を償還しなければならないものとする。
　(5) 上記(4)により償還の義務を負う者が相手方の債務不履行により契約の解除をした者であるときは、給付を受けたものの価額の償還義務は、自己が当該契約に基づいて給付し若しくは給付すべきであった価額又は現に受けている利益の額のいずれか多い額を限度とするものとする。
　(6) 解除権の行使は、損害賠償の請求を妨げないものとする。
　（注）上記(5)について、「自己が当該契約に基づいて給付し若しくは給付すべきであった価値の額又は現に受けている利益の額のいずれか多い額」を限度とするのではなく、「給付を受けた者が当該契約に基づいて給付し若しくは給付すべきであった価値の額」を限度とするという考え方がある。

4 解除権の消滅（民法第５４７条及び第５４８条関係）
　(1) 民法第５４７条の規定は、解除権を有する者の履行請求権につき履行請求権の限界事由があり、かつ、履行に代わる損害賠償につき前記第10，1(2)の免責事由があるときは、適用しないものとする。
　(2) 民法第５４８条を削除するものとする。
　（注）上記(1)については、規定を設けないという考え方がある。

第12 危険負担
1 危険負担に関する規定の削除（民法第５３４条ほか関係）
　　民法第５３４条、第５３５条及び第５３６条第１項を削除するものとする。
　（注）民法第５３６条第１項を維持するという考え方がある。

2 債権者の責めに帰すべき事由による不履行の場合の解除権の制限（民法第５３６条第２項関係）
　(1) 債務者がその債務を履行しない場合において、その不履行が契約の趣旨に

照らして債権者の責めに帰すべき事由によるものであるときは，債権者は，契約の解除をすることができないものとする。
  (2) 上記(1)により債権者が契約の解除をすることができない場合には，債務者は，履行請求権の限界事由があることにより自己の債務を免れるときであっても，反対給付の請求をすることができるものとする。この場合において，債務者は，自己の債務を免れたことにより利益を得たときは，それを債権者に償還しなければならないものとする。

第13　受領（受取）遅滞
　　民法第413条の規律を次のように改めるものとする。
　　債権者が債務の履行を受けることを拒み，又は受けることができないときは，履行の提供があった時から，次の効果が生ずるものとする。
　ア　増加した履行の費用は，債権者が負担するものとする。
　イ　債権の内容が特定物の引渡しであるときは，債務者は，引渡しまで，前記第8，1の区分に従い，それぞれ前記第8，1よりも軽減される保存義務を負うものとする。
　（注）前記第8，1で民法第400条の規律を維持することとする場合には，上記イにつき「自己の財産に対するのと同一の注意」をもって保存する義務を負う旨を定めるという考え方がある。

第14　債権者代位権
 1　責任財産の保全を目的とする債権者代位権
  (1) 債権者は，自己の債権を保全するため必要があるときは，債務者に属する権利を行使することができるものとする。
  (2) 債権者は，被保全債権の期限が到来しない間は，保存行為を除き，上記(1)の権利の行使をすることができないものとする。
  (3) 次のいずれかに該当する場合には，債権者は，上記(1)の権利の行使をすることができないものとする。
　　ア　当該権利が債務者の一身に専属するものである場合
　　イ　当該権利が差押えの禁止されたものである場合
　　ウ　被保全債権が強制執行によって実現することのできないものである場合
　（注）上記(1)については，債務者の無資力を要件として明記するという考え方がある。

 2　代位行使の範囲
　　債権者は，前記1の代位行使をする場合において，その代位行使に係る権利の全部を行使することができるものとする。この場合において，当該権利の価額が被保全債権の額を超えるときは，債権者は，当該権利以外の債務者の権利を行使することができないものとする。

（注）被代位権利の行使範囲を被保全債権の額の範囲に限定するという考え方
　　　がある。

3　代位行使の方法等
　(1) 債権者は，前記1の代位行使をする場合において，その代位行使に係る権利が金銭その他の物の引渡しを求めるものであるときは，その物を自己に対して引き渡すことを求めることができるものとする。この場合において，相手方が債権者に対して金銭その他の物を引き渡したときは，代位行使に係る権利は，これによって消滅するものとする。
　(2) 上記(1)により相手方が債権者に対して金銭その他の物を引き渡したときは，債権者は，その金銭その他の物を債務者に対して返還しなければならないものとする。この場合において，債権者は，その返還に係る債務を受働債権とする相殺をすることができないものとする。
　（注1）上記(1)については，代位債権者による直接の引渡請求を認めない旨の
　　　規定を設けるという考え方がある。
　（注2）上記(2)については，規定を設けない（相殺を禁止しない）という考え
　　　方がある。

4　代位債権者の善管注意義務
　　債権者は，前記1の代位行使をするときは，善良な管理者の注意をもって，これをしなければならないものとする。

5　債権者代位権の行使に必要な費用
　　債権者は，前記1の代位行使をするために必要な費用を支出したときは，債務者に対し，その費用の償還を請求することができるものとする。この場合において，債権者は，その費用の償還請求権について，共益費用に関する一般の先取特権を有するものとする。

6　代位行使の相手方の抗弁
　　前記1の代位行使の相手方は，債務者に対する弁済その他の抗弁をもって，債権者に対抗することができるものとする。

7　債務者の処分権限
　　債権者が前記1の代位行使をした場合であっても，債務者は，その代位行使に係る権利について，自ら取立てその他の処分をすることを妨げられないものとする。その代位行使が訴えの提起による場合であっても，同様とするものとする。

8 訴えの提起による債権者代位権の行使の場合の訴訟告知
　　債権者は，訴えの提起によって前記1の代位行使をしたときは，遅滞なく，債務者に対し，訴訟告知をしなければならないものとする。

9 責任財産の保全を目的としない債権者代位権
　(1) 不動産の譲受人は，譲渡人が第三者に対する所有権移転の登記手続を求める権利を行使しないことによって，自己の譲渡人に対する所有権移転の登記手続を求める権利の実現が妨げられているときは，譲渡人の第三者に対する当該権利を行使することができるものとする。
　(2) 上記(1)の代位行使のほか，債権者は，債務者に属する権利が行使されないことによって，自己の債務者に対する権利の実現が妨げられている場合において，その権利を実現するために他に適当な方法がないときは，その権利の性質に応じて相当と認められる限りにおいて，債務者に属する権利を行使することができるものとする。
　(3) 上記(1)又は(2)による代位行使については，その性質に反しない限り，前記1(3)及び2から8までを準用するものとする。
　(注1) 上記(1)については，規定を設けないという考え方がある。
　(注2) 上記(2)については，その要件を「債権者代位権の行使により債務者が利益を享受し，その利益によって債権者の権利が保全される場合」とするという考え方がある。また，規定を設けない（解釈に委ねる）という考え方がある。

第15 詐害行為取消権
1 受益者に対する詐害行為取消権の要件
　(1) 債権者は，債務者が債権者を害することを知ってした行為の取消しを裁判所に請求することができるものとする。
　(2) 債権者は，上記(1)の請求において，上記(1)の行為の取消しとともに，受益者に対し，当該行為によって逸出した財産の返還を請求することができるものとする。
　(3) 上記(1)の請求においては，債務者及び受益者を被告とするものとする。
　(4) 上記(1)の請求は，被保全債権が上記(1)の行為の前に生じたものである場合に限り，することができるものとする。
　(5) 上記(1)の請求は，次のいずれかに該当する場合には，することができないものとする。
　　ア　受益者が，上記(1)の行為の当時，債権者を害すべき事実を知らなかった場合
　　イ　上記(1)の行為が財産権を目的としないものである場合
　　ウ　被保全債権が強制執行によって実現することのできないものである場合
　(注1) 上記(1)については，債務者の無資力を要件として明記するという考え

方がある。
(注2) 上記(3)については，債務者を被告とするのではなく，債務者に対する訴訟告知を取消債権者に義務付けるとする考え方がある。
(注3) 上記(4)については，被保全債権が上記(1)の行為の後に生じたものである場合であっても，それが上記(1)の行為の前の原因に基づいて生じたものであるときは，詐害行為取消権を行使することができるとする考え方がある。

2 相当の対価を得てした行為の特則
 (1) 債務者が，その有する財産を処分する行為をした場合において，受益者から相当の対価を取得しているときは，債権者は，次に掲げる要件のいずれにも該当する場合に限り，その行為について前記1の取消しの請求をすることができるものとする。
  ア 当該行為が，不動産の金銭への換価その他の当該処分による財産の種類の変更により，債務者において隠匿，無償の供与その他の債権者を害する処分（以下「隠匿等の処分」という。）をするおそれを現に生じさせるものであること。
  イ 債務者が，当該行為の当時，対価として取得した金銭その他の財産について，隠匿等の処分をする意思を有していたこと。
  ウ 受益者が，当該行為の当時，債務者が隠匿等の処分をする意思を有していたことを知っていたこと。
 (2) 上記(1)の適用については，受益者が債務者の親族，同居者，取締役，親会社その他の債務者の内部者であったときは，受益者は，当該行為の当時，債務者が隠匿等の処分をする意思を有していたことを知っていたものと推定するものとする。

3 特定の債権者を利する行為の特則
 (1) 債務者が既存の債務についてした担保の供与又は債務の消滅に関する行為について，債権者は，次に掲げる要件のいずれにも該当する場合に限り，前記1の取消しの請求をすることができるものとする。
  ア 当該行為が，債務者が支払不能であった時にされたものであること。ただし，当該行為の後，債務者が支払不能でなくなったときを除くものとする。
  イ 当該行為が，債務者と受益者とが通謀して他の債権者を害する意図をもって行われたものであること。
 (2) 上記(1)の行為が債務者の義務に属せず，又はその時期が債務者の義務に属しないものである場合において，次に掲げる要件のいずれにも該当するときは，債権者は，その行為について前記1の取消しの請求をすることができるものとする。

ア　当該行為が，債務者が支払不能になる前３０日以内にされたものであること。ただし，当該行為の後３０日以内に債務者が支払不能になった後，債務者が支払不能でなくなったときを除くものとする。
　　　イ　当該行為が，債務者と受益者とが通謀して他の債権者を害する意図をもって行われたものであること。
　(3)　上記(1)又は(2)の適用については，受益者が債務者の親族，同居者，取締役，親会社その他の債務者の内部者であったときは，それぞれ上記(1)イ又は(2)イの事実を推定するものとする。上記(1)の行為が債務者の義務に属せず，又はその方法若しくは時期が債務者の義務に属しないものであるときも，同様とするものとする。
　(4)　上記(1)の適用については，債務者の支払の停止（上記(1)の行為の前１年以内のものに限る。）があった後は，支払不能であったものと推定するものとする。

4　過大な代物弁済等の特則
　　債務者がした債務の消滅に関する行為であって，受益者の受けた給付の価額が当該行為によって消滅した債務の額より過大であるものについて，前記１の要件（受益者に対する詐害行為取消権の要件）に該当するときは，債権者は，その消滅した債務の額に相当する部分以外の部分に限り，前記１の取消しの請求をすることができるものとする。

5　転得者に対する詐害行為取消権の要件
　(1)　債権者は，受益者に対する詐害行為取消権を行使することができる場合において，その詐害行為によって逸出した財産を転得した者があるときは，次のア又はイに掲げる区分に応じ，それぞれ当該ア又はイに定める場合に限り，転得者に対する詐害行為取消権の行使として，債務者がした受益者との間の行為の取消しを裁判所に請求することができるものとする。
　　　ア　当該転得者が受益者から転得した者である場合
　　　　　当該転得者が，その転得の当時，債務者がした受益者との間の行為について債権者を害すべき事実を知っていた場合
　　　イ　当該転得者が他の転得者から転得した者である場合
　　　　　当該転得者のほか，当該転得者の前に転得した全ての転得者が，それぞれの転得の当時，債務者がした受益者との間の行為について債権者を害すべき事実を知っていた場合
　(2)　債権者は，上記(1)の請求において，上記(1)の行為の取消しとともに，転得者に対し，当該行為によって逸出した財産の返還を請求することができるものとする。
　(3)　上記(1)の請求においては，債務者及び転得者（上記(1)及び(2)の請求の相手方である転得者に限る。）を被告とするものとする。

(4) 上記(1)の適用については、転得者が債務者の親族、同居者、取締役、親会社その他の債務者の内部者であったときは、当該転得者は、その転得の当時、債務者がした受益者との間の行為について債権者を害すべき事実を知っていたものと推定するものとする。
(注) 上記(3)については、債務者を被告とするのではなく、債務者に対する訴訟告知を取消債権者に義務付けるとする考え方がある。

6 詐害行為取消しの効果
　詐害行為取消しの訴えに係る請求を認容する確定判決は、債務者の全ての債権者（詐害行為の時又は判決確定の時より後に債権者となった者を含む。）に対してその効力を有するものとする。

7 詐害行為取消しの範囲
　債権者は、詐害行為取消権を行使する場合（前記4の場合を除く。）において、その詐害行為の全部の取消しを請求することができるものとする。この場合において、その詐害行為によって逸出した財産又は消滅した権利の価額が被保全債権の額を超えるときは、債権者は、その詐害行為以外の債務者の行為の取消しを請求することができないものとする。
(注) 詐害行為取消権の行使範囲を被保全債権の額の範囲に限定するという考え方がある。

8 逸出財産の返還の方法等
(1) 債権者は、前記1(2)又は5(2)により逸出した財産の現物の返還を請求する場合には、受益者又は転得者に対し、次のアからエまでに掲げる区分に応じ、それぞれ当該アからエまでに定める方法によって行うことを求めるものとする。
　ア　詐害行為による財産の逸出について登記（登録を含む。）がされている場合（下記イの場合を除く。）
　　当該登記の抹消登記手続又は債務者を登記権利者とする移転登記手続をする方法
　イ　詐害行為によって逸出した財産が債権である場合
　　(ｱ)　当該債権の逸出について債権譲渡通知がされているときは、当該債権の債務者に対して当該債権が受益者又は転得者から債務者に移転した旨の通知をする方法
　　(ｲ)　当該債権の逸出について債権譲渡登記がされているときは、債権譲渡登記の抹消登記手続又は債務者を譲受人とする債権譲渡登記手続をする方法。ただし、上記(ｱ)の債権譲渡通知の方法によって行うことを求めることもできるものとする。
　ウ　詐害行為によって逸出した財産が金銭その他の動産である場合

金銭その他の動産を債務者に対して引き渡す方法。この場合において、債権者は、金銭その他の動産を自己に対して引き渡すことを求めることもできるものとする。
　　エ　上記アからウまでの場合以外の場合
　　　詐害行為によって逸出した財産の性質に従い、当該財産の債務者への回復に必要な方法
(2) 上記(1)の現物の返還が困難であるときは、債権者は、受益者又は転得者に対し、価額の償還を請求することができるものとする。この場合において、債権者は、その償還金を自己に対して支払うことを求めることもできるものとする。
(3) 上記(1)ウ又は(2)により受益者又は転得者が債権者に対して金銭その他の動産を引き渡したときは、債務者は、受益者又は転得者に対し、金銭その他の動産の引渡しを請求することができないものとする。受益者又は転得者が債務者に対して金銭その他の動産を引き渡したときは、債権者は、受益者又は転得者に対し、金銭その他の動産の引渡しを請求することができないものとする。
(4) 上記(1)ウ又は(2)により受益者又は転得者が債権者に対して金銭その他の動産を引き渡したときは、債権者は、その金銭その他の動産を債務者に対して返還しなければならないものとする。この場合において、債権者は、その返還に係る債務を受働債権とする相殺をすることができないものとする。
　（注1）上記(1)ウ及び(2)については、取消債権者による直接の引渡請求を認めない旨の規定を設けるという考え方がある。
　（注2）上記(4)については、規定を設けない（相殺を禁止しない）という考え方がある。

9　詐害行為取消権の行使に必要な費用
(1) 債権者は、詐害行為取消権を行使するために必要な費用を支出したときは、債務者に対し、その費用の償還を請求することができるものとする。この場合において、債権者は、その費用の償還請求権について、共益費用に関する一般の先取特権を有するものとする。
(2) 上記(1)の一般の先取特権は、後記11(2)の特別の先取特権に優先するものとする。

10　受益者の債権の回復
　債務者がした債務の消滅に関する行為が取り消された場合において、受益者が債務者から受けた給付を返還し、又はその価額を償還したときは、受益者の債務者に対する債権は、これによって原状に復するものとする。

11 受益者が現物の返還をすべき場合における受益者の反対給付
 (1) 債務者がした財産の処分に関する行為が取り消された場合において，受益者が債務者から取得した財産（金銭を除く。）を返還したときは，受益者は，債務者に対し，当該財産を取得するためにした反対給付の現物の返還を請求することができるものとする。この場合において，反対給付の現物の返還が困難であるときは，受益者は，債務者に対し，価額の償還を請求することができるものとする。
 (2) 上記(1)の場合において，受益者は，債務者に対する金銭の返還又は価額の償還の請求権について，債務者に返還した財産を目的とする特別の先取特権を有するものとする。ただし，債務者が，当該財産を受益者に処分した当時，その反対給付について隠匿等の処分（前記2(1)ア参照）をする意思を有しており，かつ，受益者が，その当時，債務者が隠匿等の処分をする意思を有していたことを知っていたときは，受益者は，その特別の先取特権を有しないものとする。
 (3) 上記(2)の適用については，受益者が債務者の親族，同居者，取締役，親会社その他の債務者の内部者であったときは，受益者は，当該行為の当時，債務者が隠匿等の処分をする意思を有していたことを知っていたものと推定するものとする。

12 受益者が金銭の返還又は価額の償還をすべき場合における受益者の反対給付
 (1) 債務者がした財産の処分に関する行為が取り消された場合において，受益者が債務者から取得した財産である金銭を返還し，又は債務者から取得した財産の価額を償還すべきときは，受益者は，当該金銭の額又は当該財産の価額からこれを取得するためにした反対給付の価額を控除した額の返還又は償還をすることができるものとする。ただし，債務者が，当該財産を受益者に処分した当時，その反対給付について隠匿等の処分（前記2(1)ア参照）をする意思を有しており，かつ，受益者が，その当時，債務者が隠匿等の処分をする意思を有していたことを知っていたときは，受益者は，当該金銭の額又は当該財産の価額の全額の返還又は償還をしなければならないものとする。
 (2) 上記(1)の場合において，受益者が全額の返還又は償還をしたときは，受益者は，債務者に対し，反対給付の現物の返還を請求することができるものとする。この場合において，反対給付の現物の返還が困難であるときは，受益者は，債務者に対し，価額の償還を請求することができるものとする。
 (3) 上記(1)の適用については，受益者が債務者の親族，同居者，取締役，親会社その他の債務者の内部者であったときは，受益者は，当該行為の当時，債務者が隠匿等の処分をする意思を有していたことを知っていたものと推定するものとする。

13　転得者の前者に対する反対給付等
　　債務者がした受益者との間の行為が転得者に対する詐害行為取消権の行使によって取り消された場合において，転得者が前者から取得した財産を返還し，又はその価額を償還したときは，転得者は，受益者が当該財産を返還し，又はその価額を償還したとすれば前記10によって回復すべき債権又は前記11によって生ずべき反対給付の返還若しくは償還に係る請求権を，転得者の前者に対する反対給付の価額又は転得者が前者に対して有していた債権の価額の限度で，行使することができるものとする。
　　（注）このような規定を設けない（解釈に委ねる）という考え方，詐害行為取消権を行使された転得者の前者に対する反対給付の全額の返還請求又は転得者が前者に対して有していた債権の全額の回復を無条件に認めるという考え方がある。

14　詐害行為取消権の行使期間
　　詐害行為取消しの訴えは，債務者が債権者を害することを知って詐害行為をした事実を債権者が知った時から2年を経過したときは，提起することができないものとする。詐害行為の時から［10年］を経過したときも，同様とするものとする。

第16　多数当事者の債権及び債務（保証債務を除く。）
1　債務者が複数の場合
　(1)　同一の債務について数人の債務者がある場合において，当該債務の内容がその性質上可分であるときは，各債務者は，分割債務を負担するものとする。ただし，法令又は法律行為の定めがある場合には，各債務者は，連帯債務を負担するものとする。
　(2)　同一の債務について数人の債務者がある場合において，当該債務の内容がその性質上不可分であるときは，各債務者は，不可分債務を負担するものとする。

2　分割債務（民法第427条関係）
　　分割債務を負担する数人の債務者は，当事者間に別段の合意がないときは，それぞれ等しい割合で義務を負うものとする。

3　連帯債務者の一人について生じた事由の効力等
　(1)　履行の請求（民法第434条関係）
　　　民法第434条の規律を改め，連帯債務者の一人に対する履行の請求は，当事者間に別段の合意がある場合を除き，他の連帯債務者に対してその効力を生じないものとする。
　　（注）連帯債務者の一人に対する履行の請求が相対的効力事由であることを原

則としつつ，各債務者間に協働関係がある場合に限りこれを絶対的効力事由とするという考え方がある。

(2) 更改，相殺等の事由（民法第４３５条から第４４０条まで関係）
民法第４３５条から第４４０条まで（同法第４３６条第１項を除く。）の規律を次のように改めるものとする。
　ア　連帯債務者の一人について生じた更改，免除，混同，時効の完成その他の事由は，当事者間に別段の合意がある場合を除き，他の連帯債務者に対してその効力を生じないものとする。
　イ　債務の免除を受けた連帯債務者は，他の連帯債務者からの求償に応じたとしても，債権者に対してその償還を請求することはできないものとする。
　ウ　連帯債務者の一人が債権者に対して債権を有する場合において，その連帯債務者が相殺を援用しない間は，その連帯債務者の負担部分の限度で，他の連帯債務者は，自己の債務の履行を拒絶することができるものとする。
　（注）上記アのうち連帯債務者の一人について生じた混同については，その連帯債務者の負担部分の限度で他の連帯債務者もその債務を免れるものとするという考え方がある。

(3) 破産手続の開始（民法第４４１条関係）
民法第４４１条を削除するものとする。

4　連帯債務者間の求償関係
(1) 連帯債務者間の求償権（民法第４４２条第１項関係）
民法第４４２条第１項の規律を次のように改めるものとする。
　ア　連帯債務者の一人が弁済をし，その他自己の財産をもって共同の免責を得たときは，その連帯債務者は，自己の負担部分を超える部分に限り，他の連帯債務者に対し，各自の負担部分について求償権を有するものとする。
　イ　連帯債務者の一人が代物弁済をし，又は更改後の債務の履行をして上記アの共同の免責を得たときは，その連帯債務者は，出えんした額のうち自己の負担部分を超える部分に限り，他の連帯債務者に対し，各自の負担部分について求償権を有するものとする。
　（注）他の連帯債務者に対する求償権の発生のために自己の負担部分を超える出えんを必要としないものとする考え方がある。

(2) 連帯債務者間の通知義務（民法第４４３条関係）
民法第４４３条第１項を削除し，同条第２項の規律を次のように改めるものとする。
連帯債務者の一人が弁済をし，その他自己の財産をもって共同の免責を得た場合において，その連帯債務者が，他に連帯債務者がいることを知りなが

ら，これを他の連帯債務者に通知することを怠っている間に，他の連帯債務者が善意で弁済その他共同の免責のための有償の行為をし，これを先に共同の免責を得た連帯債務者に通知したときは，当該他の連帯債務者は，自己の弁済その他共同の免責のためにした行為を有効であったものとみなすことができるものとする。

(3) 負担部分を有する連帯債務者が全て無資力者である場合の求償関係（民法第444条本文関係）
　民法第444条本文の規律に付け加えて，負担部分を有する全ての連帯債務者が償還をする資力を有しない場合において，負担部分を有しない連帯債務者の一人が弁済をし，その他自己の財産をもって共同の免責を得たときは，その連帯債務者は，負担部分を有しない他の連帯債務者のうちの資力がある者に対し，平等の割合で分割してその償還を請求することができるものとする。

(4) 連帯の免除をした場合の債権者の負担（民法第445条関係）
　民法第445条を削除するものとする。

5　不可分債務
(1) 民法第430条の規律を改め，数人が不可分債務を負担するときは，その性質に反しない限り，連帯債務に関する規定を準用するものとする。
(2) 民法第431条のうち不可分債務に関する規律に付け加えて，不可分債務の内容がその性質上可分となったときは，当事者の合意によって，これを連帯債務とすることができるものとする。

6　債権者が複数の場合
(1) 同一の債権について数人の債権者がある場合において，当該債権の内容がその性質上可分であるときは，各債権者は，分割債権を有するものとする。ただし，法令又は法律行為の定めがある場合には，各債権者は，連帯債権を有するものとする。
(2) 同一の債権について数人の債権者がある場合において，当該債権の内容がその性質上不可分であるときは，各債権者は，不可分債権を有するものとする。

7　分割債権（民法第427条関係）
　分割債権を有する数人の債権者は，当事者間に別段の合意がないときは，それぞれ等しい割合で権利を有するものとする。

8 連帯債権
   連帯債権に関する規定を新設し，次のような規律を設けるものとする。
  (1) 連帯債権を有する数人の債権者は，すべての債権者のために履行を請求することができ，その債務者は，すべての債権者のために各債権者に対して履行をすることができるものとする。
  (2) 連帯債権者の一人と債務者との間に更改，免除又は混同があった場合においても，他の連帯債権者は，債務の全部の履行を請求することができるものとする。この場合に，その一人の連帯債権者がその権利を失わなければ分与される利益を債務者に償還しなければならないものとする。
  (3) 上記(2)の場合のほか，連帯債権者の一人の行為又は一人について生じた事由は，他の連帯債権者に対してその効力を生じないものとする。

9 不可分債権
  (1) 民法第428条の規律を改め，数人が不可分債権を有するときは，その性質に反しない限り，連帯債権に関する規定を準用するものとする。
  (2) 民法第431条のうち不可分債権に関する規律に付け加えて，不可分債権の内容がその性質上可分となったときは，当事者の合意によって，これを連帯債権とすることができるものとする。

第17 保証債務
 1 保証債務の付従性（民法第448条関係）
   保証債務の付従性に関する民法第448条の規律を維持した上で，新たに次のような規律を付け加えるものとする。
  (1) 主たる債務の目的又は態様が保証契約の締結後に減縮された場合には，保証人の負担は，主たる債務の限度に減縮されるものとする。
  (2) 主たる債務の目的又は態様が保証契約の締結後に加重された場合には，保証人の負担は，加重されないものとする。

 2 主たる債務者の有する抗弁（民法第457条第2項関係）
   民法第457条第2項の規律を次のように改めるものとする。
  (1) 保証人は，主たる債務者が主張することができる抗弁をもって債権者に対抗することができるものとする。
  (2) 主たる債務者が債権者に対して相殺権，取消権又は解除権を有するときは，これらの権利の行使によって主たる債務者が主たる債務の履行を免れる限度で，保証人は，債権者に対して債務の履行を拒むことができるものとする。

 3 保証人の求償権
  (1) 委託を受けた保証人の求償権（民法第459条・第460条関係）
      民法第459条及び第460条の規律を基本的に維持した上で，次のよう

に改めるものとする。
　ア　民法第459条第1項の規律に付け加えて，保証人が主たる債務者の委託を受けて保証をした場合において，主たる債務の期限が到来する前に，弁済その他自己の財産をもって債務を消滅させるべき行為をしたときは，主たる債務者は，主たる債務の期限が到来した後に，債務が消滅した当時に利益を受けた限度で，同項による求償に応ずれば足りるものとする。
　イ　民法第460条第3号を削除するものとする。

(2) 保証人の通知義務
　民法第463条の規律を次のように改めるものとする。
　ア　保証人が主たる債務者の委託を受けて保証をした場合において，保証人が弁済その他自己の財産をもって主たる債務者にその債務を免れさせる行為をしたにもかかわらず，これを主たる債務者に通知することを怠っている間に，主たる債務者が善意で弁済その他免責のための有償の行為をし，これを保証人に通知したときは，主たる債務者は，自己の弁済その他免責のためにした行為を有効であったものとみなすことができるものとする。
　イ　保証人が主たる債務者の委託を受けて保証をした場合において，主たる債務者が弁済その他自己の財産をもって債務を消滅させるべき行為をしたにもかかわらず，これを保証人に通知することを怠っている間に，保証人が善意で弁済その他免責のための有償の行為をし，これを主たる債務者に通知したときは，保証人は，自己の弁済その他免責のためにした行為を有効であったものとみなすことができるものとする。
　ウ　保証人が主たる債務者の委託を受けないで保証をした場合（主たる債務者の意思に反して保証をした場合を除く。）において，保証人が弁済その他自己の財産をもって主たる債務者にその債務を免れさせる行為をしたにもかかわらず，これを主たる債務者に通知することを怠っている間に，主たる債務者が善意で弁済その他免責のための有償の行為をしたときは，主たる債務者は，自己の弁済その他免責のためにした行為を有効であったものとみなすことができるものとする。

4　連帯保証人に対する履行の請求の効力（民法第458条関係）
　連帯保証人に対する履行の請求は，当事者間に別段の合意がある場合を除き，主たる債務者に対してその効力を生じないものとする。
　（注）連帯保証人に対する履行の請求が相対的効力事由であることを原則としつつ，主たる債務者と連帯保証人との間に協働関係がある場合に限りこれを絶対的効力事由とするという考え方がある。

5　根保証
(1) 民法第465条の2（極度額）及び第465条の4（元本確定事由）の規

律の適用範囲を拡大し，保証人が個人である根保証契約一般に適用するものとする。
(2) 民法第４６５条の３（元本確定期日）の規律の適用範囲を上記(1)と同様に拡大するかどうかについて，引き続き検討する。
(3) 一定の特別な事情がある場合に根保証契約の保証人が主たる債務の元本の確定を請求することができるものとするかどうかについて，引き続き検討する。

6 保証人保護の方策の拡充
(1) 個人保証の制限
　　次に掲げる保証契約は，保証人が主たる債務者の［いわゆる経営者］であるものを除き，無効とするかどうかについて，引き続き検討する。
　ア　主たる債務の範囲に金銭の貸渡し又は手形の割引を受けることによって負担する債務（貸金等債務）が含まれる根保証契約であって，保証人が個人であるもの
　イ　債務者が事業者である貸金等債務を主たる債務とする保証契約であって，保証人が個人であるもの

(2) 契約締結時の説明義務，情報提供義務
　　事業者である債権者が，個人を保証人とする保証契約を締結しようとする場合には，保証人に対し，次のような事項を説明しなければならないものとし，債権者がこれを怠ったときは，保証人がその保証契約を取り消すことができるものとするかどうかについて，引き続き検討する。
　ア　保証人は主たる債務者がその債務を履行しないときにその履行をする責任を負うこと。
　イ　連帯保証である場合には，連帯保証人は催告の抗弁，検索の抗弁及び分別の利益を有しないこと。
　ウ　主たる債務の内容（元本の額，利息・損害金の内容，条件・期限の定め等）
　エ　保証人が主たる債務者の委託を受けて保証をした場合には，主たる債務者の［信用状況］

(3) 主たる債務の履行状況に関する情報提供義務
　　事業者である債権者が，個人を保証人とする保証契約を締結した場合には，保証人に対し，以下のような説明義務を負うものとし，債権者がこれを怠ったときは，その義務を怠っている間に発生した遅延損害金に係る保証債務の履行を請求することができないものとするかどうかについて，引き続き検討する。
　ア　債権者は，保証人から照会があったときは，保証人に対し，遅滞なく主

たる債務の残額［その他の履行の状況］を通知しなければならないものとする。
　　イ　債権者は，主たる債務の履行が遅延したときは，保証人に対し，遅滞なくその事実を通知しなければならないものとする。

(4) その他の方策
　　保証人が個人である場合におけるその責任制限の方策として，次のような制度を設けるかどうかについて，引き続き検討する。
　　ア　裁判所は，主たる債務の内容，保証契約の締結に至る経緯やその後の経過，保証期間，保証人の支払能力その他一切の事情を考慮して，保証債務の額を減免することができるものとする。
　　イ　保証契約を締結した当時における保証債務の内容がその当時における保証人の財産・収入に照らして過大であったときは，債権者は，保証債務の履行を請求する時点におけるその内容がその時点における保証人の財産・収入に照らして過大でないときを除き，保証人に対し，保証債務の［過大な部分の］履行を請求することができないものとする。

第18　債権譲渡
1　債権の譲渡性とその制限（民法第466条関係）
　民法第466条の規律を次のように改めるものとする。
(1) 債権は，譲り渡すことができるものとする。ただし，その性質がこれを許さないときは，この限りでないものとする。
(2) 当事者が上記(1)に反する内容の特約（以下「譲渡制限特約」という。）をした場合であっても，債権の譲渡は，下記(3)の限度での制限があるほか，その効力を妨げられないものとする。
(3) 譲渡制限特約のある債権が譲渡された場合において，譲受人に悪意又は重大な過失があるときは，債務者は，当該特約をもって譲受人に対抗することができるものとする。この場合において，当該特約は，次に掲げる効力を有するものとする。
　　ア　債務者は，譲受人が権利行使要件（後記2(1)【甲案】ウ又は【乙案】イの通知をすることをいう。以下同じ。）を備えた後であっても，譲受人に対して債務の履行を拒むことができること。
　　イ　債務者は，譲受人が権利行使要件を備えた後であっても，譲渡人に対して弁済その他の当該債権を消滅させる行為をすることができ，かつ，その事由をもって譲受人に対抗することができること。
(4) 上記(3)に該当する場合であっても，次に掲げる事由が生じたときは，債務者は，譲渡制限特約をもって譲受人に対抗することができないものとする。この場合において，債務者は，当該特約を譲受人に対抗することができなくなった時まで（ウについては，当該特約を対抗することができなくなったこ

とを債務者が知った時まで）に譲渡人に対して生じた事由をもって譲受人に対抗することができるものとする。
　　ア　債務者が譲渡人又は譲受人に対して，当該債権の譲渡を承諾したこと。
　　イ　債務者が債務の履行について遅滞の責任を負う場合において，譲受人が債務者に対し，相当の期間を定めて譲渡人に履行すべき旨の催告をし，その期間内に履行がないこと。
　　ウ　譲受人がその債権譲渡を第三者に対抗することができる要件を備えた場合において，譲渡人について破産手続開始，再生手続開始又は更生手続開始の決定があったこと。
　　エ　譲受人がその債権譲渡を第三者に対抗することができる要件を備えた場合において，譲渡人の債権者が当該債権を差し押さえたこと。
　(5)　譲渡制限特約のある債権が差し押さえられたときは，債務者は，当該特約をもって差押債権者に対抗することができないものとする。
　(注1)　上記(4)ウ及びエについては，規定を設けないという考え方がある。
　(注2)　民法第466条の規律を維持するという考え方がある。

2　対抗要件制度（民法第467条関係）
　(1)　第三者対抗要件及び権利行使要件
　　　民法第467条の規律について，次のいずれかの案により改めるものとする。
　　【甲案】（第三者対抗要件を登記・確定日付ある譲渡書面とする案）
　　ア　金銭債権の譲渡は，その譲渡について登記をしなければ，債務者以外の第三者に対抗することができないものとする。
　　イ　金銭債権以外の債権の譲渡は，譲渡契約書その他の譲渡の事実を証する書面に確定日付を付さなければ，債務者以外の第三者に対抗することができないものとする。
　　ウ(ア)　債権の譲渡人又は譲受人が上記アの登記の内容を証する書面又は上記イの書面を当該債権の債務者に交付して債務者に通知をしなければ，譲受人は，債権者の地位にあることを債務者に対して主張することができないものとする。
　　　(イ)　上記(ア)の通知がない場合であっても，債権の譲渡人が債務者に通知をしたときは，譲受人は，債権者の地位にあることを債務者に対して主張することができるものとする。
　　【乙案】（債務者の承諾を第三者対抗要件等とはしない案）
　　　特例法（動産及び債権の譲渡の対抗要件に関する民法の特例等に関する法律）と民法との関係について，現状を維持した上で，民法第467条の規律を次のように改めるものとする。
　　ア　債権の譲渡は，譲渡人が確定日付のある証書によって債務者に対して通知をしなければ，債務者以外の第三者に対抗することができないものとす

る。
　イ　債権の譲受人は，譲渡人が当該債権の債務者に対して通知をしなければ，債権者の地位にあることを債務者に対して主張することができないものとする。
　（注）第三者対抗要件及び権利行使要件について現状を維持するという考え方がある。

(2) 債権譲渡が競合した場合における規律
　債権譲渡が競合した場合における規律について，次のいずれかの案により新たに規定を設けるものとする。
【甲案】　前記(1)において甲案を採用する場合
ア　前記(1)【甲案】アの登記をした譲渡又は同イの譲渡の事実を証する書面に確定日付が付された譲渡が競合した場合には，債務者は，前記(1)【甲案】ウ(ｱ)の通知をした譲受人のうち，先に登記をした譲受人又は譲渡の事実を証する書面に付された確定日付が先の譲受人に対して，債務を履行しなければならないものとする。
イ　前記(1)【甲案】ウ(ｲ)の通知がされた譲渡が競合した場合には，債務者は，いずれの譲受人に対しても，履行することができるものとする。この場合において，債務者は，通知が競合することを理由として，履行を拒絶することはできないものとする。
ウ　前記(1)【甲案】ウ(ｱ)の通知がされた譲渡と同(ｲ)の通知がされた譲渡とが競合した場合には，債務者は，同(ｱ)の通知をした譲受人に対して，債務を履行しなければならないものとする。
エ　上記アの場合において，最も先に登記をした譲渡に係る譲受人について同時に登記をした他の譲受人があるときは，債務者は，いずれの譲受人に対しても，履行することができるものとする。最も確定日付が先の譲受人について確定日付が同日である他の譲受人があるときも，同様とするものとする。これらの場合において，債務者は，同時に登記をした他の譲受人又は確定日付が同日である他の譲受人があることを理由として，履行を拒絶することはできないものとする。
オ　上記エにより履行を受けることができる譲受人が複数ある場合において，債務者がその譲受人の一人に対して履行したときは，他の譲受人は，履行を受けた譲受人に対して，その受けた額を各譲受人の債権額で按分した額の償還を請求することができるものとする。
【乙案】　前記(1)において乙案を採用する場合
ア　前記(1)【乙案】アの通知がされた譲渡が競合した場合には，債務者は，その通知が先に到達した譲受人に対して，債務を履行しなければならないものとする。
イ　上記アの場合において，最も先に通知が到達した譲渡に係る譲受人につ

いて同時に通知が到達した譲渡に係る他の譲受人があるときは，債務者は，いずれの譲受人に対しても，履行することができるものとする。この場合において，債務者は，同時に通知が到達した他の譲受人があることを理由として，履行を拒絶することはできないものとする。
　　（注）甲案・乙案それぞれに付け加えて，権利行使要件を具備した譲受人がいない場合には，債務者は，譲渡人と譲受人のいずれに対しても，履行することができるものとするが，通知がないことを理由として，譲受人に対する履行を拒絶することができるものとする規定を設けるという考え方がある。

3　債権譲渡と債務者の抗弁（民法第468条関係）
　(1) 異議をとどめない承諾による抗弁の切断
　　　民法第468条の規律を次のように改めるものとする。
　ア　債権が譲渡された場合において，債務者は，譲受人が権利行使要件を備える時までに譲渡人に対して生じた事由をもって譲受人に対抗することができるものとする。
　イ　上記アの抗弁を放棄する旨の債務者の意思表示は，書面でしなければ，その効力を生じないものとする。

　(2) 債権譲渡と相殺の抗弁
　ア　債権の譲渡があった場合に，譲渡人に対して有する反対債権が次に掲げるいずれかに該当するものであるときは，債務者は，当該債権による相殺をもって譲受人に対抗することができるものとする。
　　(ｱ) 権利行使要件の具備前に生じた原因に基づいて債務者が取得した債権
　　(ｲ) 将来発生する債権が譲渡された場合において，権利行使要件の具備後に生じた原因に基づいて債務者が取得した債権であって，その原因が譲受人の取得する債権を発生させる契約と同一の契約であるもの
　イ　上記アにかかわらず，債務者は，権利行使要件の具備後に他人から取得した債権による相殺をもって譲受人に対抗することはできないものとする。

4　将来債権譲渡
　(1) 将来発生する債権（以下「将来債権」という。）は，譲り渡すことができるものとする。将来債権の譲受人は，発生した債権を当然に取得するものとする。
　(2) 将来債権の譲渡は，前記2(1)の方法によって第三者対抗要件を具備しなければ，第三者に対抗することができないものとする。
　(3) 将来債権が譲渡され，権利行使要件が具備された場合には，その後に譲渡制限特約がされたときであっても，債務者は，これをもって譲受人に対抗することができないものとする。

(4) 将来債権の譲受人は，上記(1)第２文にかかわらず，譲渡人以外の第三者が当事者となった契約上の地位に基づき発生した債権を取得することができないものとする。ただし，譲渡人から第三者がその契約上の地位を承継した場合には，譲受人は，その地位に基づいて発生した債権を取得することができるものとする。
 (注１) 上記(3)については，規定を設けない（解釈に委ねる）という考え方がある。
 (注２) 上記(4)に付け加えて，将来発生する不動産の賃料債権の譲受人は，譲渡人から第三者が譲り受けた契約上の地位に基づき発生した債権であっても，当該債権を取得することができない旨の規定を設けるという考え方がある。

第19　有価証券
　民法第４６９条から第４７３条まで，第８６条第３項，第３６３条及び第３６５条の規律に代えて，次のように，有価証券に関する規律を整備する。
　1　指図証券について
　　(1)ア　指図証券の譲渡は，その証券に譲渡の裏書をして譲受人に交付しなければ，その効力を生じないものとする。
　　　イ　指図証券の譲渡の裏書の方式，裏書の連続による権利の推定，善意取得及び善意の譲受人に対する抗弁の制限については，現行法の規律（商法第５１９条，民法第４７２条）と同旨の規律を整備する。
　　　ウ　指図証券を質権の目的とする場合については，ア及びイに準じた規律を整備する。
　　(2)　指図証券の弁済の場所，履行遅滞の時期及び債務者の免責については，現行法の規律（商法第５１６条第２項，第５１７条，民法第４７０条）と同旨の規律を整備する。
　　(3)　指図証券の公示催告手続については，現行法の規律（民法施行法第５７条，商法第５１８条）と同旨の規律を整備する。
　2　記名式所持人払証券について
　　(1)ア　記名式所持人払証券（債権者を指名する記載がされている証券であって，その所持人に弁済をすべき旨が付記されているものをいう。以下同じ。）の譲渡は，譲受人にその証券を交付しなければ，その効力を生じないものとする。
　　　イ　記名式所持人払証券の占有による権利の推定，善意取得及び善意の譲受人に対する抗弁の制限については，現行法の規律（商法第５１９条等）と同旨の規律を整備する。
　　　ウ　記名式所持人払証券を質権の目的とする場合については，ア及びイに準じた規律を整備する。
　　(2)　記名式所持人払証券の弁済及び公示催告手続については，1(2)及び(3)

            に準じた規律を整備する。
　　3　1及び2以外の記名証券について
　　（1）債権者を指名する記載がされている証券であって，指図証券及び記名式所持人払証券以外のものは，債権の譲渡又はこれを目的とする質権の設定に関する方式に従い，かつ，その効力をもってのみ，譲渡し，又は質権の目的とすることができるものとする。
　　（2）（1）の証券の公示催告手続については，1（3）に準じた規律を整備する。
　　4　無記名証券について
　　　　無記名証券の譲渡，弁済等については，記名式所持人払証券に準じた規律を整備する。
　　（注）上記3については，規定を設けないという考え方がある。

第20　債務引受
　1　併存的債務引受
　　（1）併存的債務引受の引受人は，債務者と連帯して，債務者が債権者に対して負担する債務と同一の債務を負担するものとする。
　　（2）併存的債務引受は，引受人と債権者との間で，引受人が上記（1）の債務を負担する旨を合意することによってするものとする。
　　（3）上記（2）のほか，併存的債務引受は，引受人と債務者との間で，引受人が上記（1）の債務を負担する旨を合意することによってすることもできるものとする。この場合において，債権者の権利は，債権者が引受人に対して承諾をした時に発生するものとする。
　　（4）引受人は，併存的債務引受による自己の債務について，その負担をした時に債務者が有する抗弁をもって，債権者に対抗することができるものとする。
　　（注）以上に付け加えて，併存的債務引受のうち，①引受人が債務者の負う債務を保証することを主たる目的とする場合，②債務者が引受人の負う債務を保証することを主たる目的とする場合について，保証の規定のうち，保証人の保護に関わるもの（民法第446条第2項等）を準用する旨の規定を設けるという考え方がある。

　2　免責的債務引受
　　（1）免責的債務引受においては，引受人は債務者が債権者に対して負担する債務と同一の債務を引き受け，債務者は自己の債務を免れるものとする。
　　（2）免責的債務引受は，引受人が上記（1）の債務を引き受けるとともに債権者が債務者の債務を免責する旨を引受人と債権者との間で合意し，債権者が債務者に対して免責の意思表示をすることによってするものとする。この場合においては，債権者が免責の意思表示をした時に，債権者の引受人に対する権利が発生し，債務者は自己の債務を免れるものとする。
　　（3）上記（2）の場合において，債務者に損害が生じたときは，債権者は，その損

害を賠償しなければならないものとする。
(4) 上記(2)のほか，免責的債務引受は，引受人が上記(1)の債務を引き受けるとともに債務者が自己の債務を免れる旨を引受人と債務者との間で合意し，債権者が引受人に対してこれを承諾することによってすることもできるものとする。この場合においては，債権者が承諾をした時に，債権者の引受人に対する権利が発生し，債務者は自己の債務を免れるものとする。

3 免責的債務引受による引受けの効果
(1) 引受人は，免責的債務引受により前記2(1)の債務を引き受けたことによって，債務者に対して求償することはできないものとする。
(2) 引受人は，免責的債務引受により引き受けた自己の債務について，その引受けをした時に債務者が有していた抗弁をもって，債権者に対抗することができるものとする。
（注）上記(1)については，規定を設けない（解釈に委ねる）という考え方がある。

4 免責的債務引受による担保権等の移転
(1) 債権者は，引受前の債務の担保として設定された担保権及び保証を引受後の債務を担保するものとして移すことができるものとする。
(2) 上記(1)の担保の移転は，免責的債務引受と同時にする意思表示によってしなければならないものとする。
(3) 上記(1)の担保権が免責的債務引受の合意の当事者以外の者の設定したものである場合には，その承諾を得なければならないものとする。
(4) 保証人が上記(1)により引受後の債務を履行する責任を負うためには，保証人が，書面をもって，その責任を負う旨の承諾をすることを要するものとする。

第21 契約上の地位の移転

契約の当事者の一方が第三者との間で契約上の地位を譲渡する旨の合意をし，その契約の相手方が当該合意を承諾したときは，譲受人は，譲渡人の契約上の地位を承継するものとする。
（注）このような規定に付け加えて，相手方がその承諾を拒絶することに利益を有しない場合には，相手方の承諾を要しない旨の規定を設けるという考え方がある。

第22 弁済

1 弁済の意義
債務が履行されたときは，その債権は，弁済によって消滅するものとする。

2 第三者の弁済（民法第４７４条関係）
　民法第４７４条第２項の規律を次のように改めるものとする。
 (1) 民法第４７４条第１項の規定により債務を履行しようとする第三者が債務の履行をするについて正当な利益を有する者でないときは，債権者は，その履行を受けることを拒むことができるものとする。ただし，その第三者が債務を履行するについて債務者の承諾を得た場合において，そのことを債権者が知ったときは，この限りでないものとする。
 (2) 債権者が上記(1)によって第三者による履行を受けることを拒むことができるにもかかわらず履行を受けた場合において，その第三者による履行が債務者の意思に反したときは，その弁済は，無効とするものとする。
　（注）上記(1)(2)に代えて，債権者が債務を履行するについて正当な利益を有する者以外の第三者による履行を受けた場合において，その第三者による履行が債務者の意思に反したときはその履行は弁済としての効力を有するものとした上で，その第三者は債務者に対して求償することができない旨の規定を設けるという考え方がある。

3 弁済として引き渡した物の取戻し（民法第４７６条関係）
　民法第４７６条を削除するものとする。

4 債務の履行の相手方（民法第４７８条，第４８０条関係）
 (1) 民法第４７８条の規律を次のように改めるものとする。
　ア　債務の履行は，次に掲げる者のいずれかに対してしたときは，弁済としての効力を有するものとする。
　　(ｱ) 債権者
　　(ｲ) 債権者が履行を受ける権限を与えた第三者
　　(ｳ) 法令の規定により履行を受ける権限を有する第三者
　イ　上記アに掲げる者（以下「受取権者」という。）以外の者であって受取権者としての外観を有するものに対してした債務の履行は，当該者が受取権者であると信じたことにつき正当な理由がある場合に限り，弁済としての効力を有するものとする。
 (2) 民法第４８０条を削除するものとする。
　（注）上記(1)イについては，債務者の善意又は無過失という民法第４７８条の文言を維持するという考え方がある。

5 代物弁済（民法第４８２条関係）
　民法第４８２条の規律を次のように改めるものとする。
 (1) 債務者が，債権者との間で，その負担した給付に代えて他の給付をすることにより債務を消滅させる旨の契約をした場合において，債務者が当該他の給付をしたときは，その債権は，消滅するものとする。

(2) 上記(1)の契約がされた場合であっても，債務者が当初負担した給付をすること及び債権者が当初の給付を請求することは，妨げられないものとする。

6 弁済の方法（民法第483条から第487条まで関係）
(1) 民法第483条を削除するものとする。
(2) 法令又は慣習により取引時間の定めがある場合には，その取引時間内に限り，債務の履行をし，又はその履行の請求をすることができるものとする。
(3) 民法第486条の規律を改め，債務者は，受取証書の交付を受けるまでは，自己の債務の履行を拒むことができるものとする。
(4) 債権者の預金口座に金銭を振り込む方法によって債務を履行するときは，債権者の預金口座において当該振込額の入金が記録される時に，弁済の効力が生ずるものとする。
（注）上記(4)については，規定を設けない（解釈に委ねる）という考え方がある。

7 弁済の充当（民法第488条から第491条まで関係）
民法第488条から第491条までの規律を次のように改めるものとする。
(1) 次に掲げるいずれかの場合に該当し，かつ，履行をする者がその債務の全部を消滅させるのに足りない給付をした場合において，当事者間に充当の順序に関する合意があるときは，その順序に従い充当するものとする。
　ア 債務者が同一の債権者に対して同種の給付を内容とする数個の債務を負担する場合（下記ウに該当する場合を除く。）
　イ 債務者が一個の債務について元本のほか利息及び費用を支払うべき場合（下記ウに該当する場合を除く。）
　ウ 債務者が同一の債権者に対して同種の給付を内容とする数個の債務を負担する場合において，そのうち一個又は数個の債務について元本のほか利息及び費用を支払うべきとき
(2) 上記(1)アに該当する場合において，上記(1)の合意がないときは，民法第488条及び第489条の規律によるものとする。
(3) 上記(1)イに該当する場合において，上記(1)の合意がないときは，民法第491条の規律によるものとする。
(4) 上記(1)ウに該当する場合において，上記(1)の合意がないときは，まず民法第491条の規律によるものとする。この場合において，数個の債務の費用，利息又は元本のうちいずれかの全部を消滅させるのに足りないときは，民法第488条及び第489条の規律によるものとする。
(5) 民法第490条を削除するものとする。
(6) 民事執行手続における配当についても，上記(1)から(4)までの規律（民法第488条による指定充当の規律を除く。）が適用されるものとする。
（注）上記(6)については，規定を設けないという考え方がある。

8 弁済の提供（民法第492条関係）
  民法第492条の規律を次のように改めるものとする。
 (1) 債務者は，弁済の提供の時から，履行遅滞を理由とする損害賠償の責任その他の債務の不履行によって生ずべき一切の責任を免れるものとする。
 (2) 前記第11，1によれば契約の解除をすることができる場合であっても，債務者が弁済の提供をしたときは，債権者は，契約の解除をすることができないものとする。

9 弁済の目的物の供託（民法第494条から第498条まで関係）
  弁済供託に関する民法第494条から第498条までの規律を基本的に維持した上で，次のように改めるものとする。
 (1) 民法第494条の規律を次のように改めるものとする。
  ア 履行をすることができる者は，次に掲げる事由があったときは，債権者のために弁済の目的物を供託することができるものとする。この場合において，履行をすることができる者が供託をした時に，債権は消滅するものとする。
   (ｱ) 弁済の提供をした場合において，債権者がその受取を拒んだとき
   (ｲ) 債権者が履行を受け取ることができないとき
  イ 履行をすることができる者が債権者を確知することができないときも，上記アと同様とするものとする。ただし，履行をすることができる者に過失があるときは，この限りでないものとする。
 (2) 民法第497条前段の規律を次のように改めるものとする。
   弁済の目的物が供託に適しないとき，その物について滅失，損傷その他の事由による価格の低落のおそれがあるとき，又はその物を供託することが困難であるときは，履行をすることができる者は，裁判所の許可を得て，これを競売に付し，その代金を供託することができるものとする。
 (3) 民法第498条の規律の前に付け加え，弁済の目的物が供託された場合には，債権者は，供託物の還付を請求することができるものとする。

10 弁済による代位
 (1) 任意代位制度（民法第499条関係）
   民法第499条第1項の規律を改め，債権者の承諾を得ることを任意代位の要件から削除するものとする。
  （注）民法第499条を削除するという考え方がある。

 (2) 法定代位者相互間の関係（民法第501条関係）
   民法第501条後段の規律を次のように改めるものとする。
  ア 民法第501条第1号及び第6号を削除するとともに，保証人及び物上

保証人は，債務者から担保目的物を譲り受けた第三取得者に対して債権者に代位することができるものとする。
　イ　民法第５０１条第２号の規律を改め，第三取得者は，保証人及び物上保証人に対して債権者に代位しないものとする。
　ウ　民法第５０１条第３号の「各不動産の価格」を「各財産の価格」に改めるものとする。
　エ　保証人の一人は，その数に応じて，他の保証人に対して債権者に代位するものとする。
　オ　民法第５０１条第５号の規律に付け加え，保証人と物上保証人とを兼ねる者がある場合には，同号により代位の割合を定めるに当たっては，その者を一人の保証人として計算するものとする。
　カ　物上保証人から担保目的物を譲り受けた者については，物上保証人とみなすものとする。
　（注）上記オについては，規定を設けない（解釈に委ねる）という考え方がある。

(3) 一部弁済による代位の要件・効果（民法第５０２条関係）
　民法第５０２条第１項の規律を次のように改めるものとする。
　ア　債権の一部について第三者が履行し，これによって債権者に代位するときは，代位者は，債権者の同意を得て，その弁済をした価額に応じて，債権者とともにその権利を行使することができるものとする。
　イ　上記アのときであっても，債権者は，単独でその権利を行使することができるものとする。
　ウ　上記ア又はイに基づく権利の行使によって得られる担保目的物の売却代金その他の金銭については，債権者が代位者に優先するものとする。

(4) 担保保存義務（民法第５０４条関係）
　民法第５０４条の規律を次のように改めるものとする。
　ア　債権者は，民法第５００条の規定により代位をすることができる者のために，担保を喪失又は減少させない義務を負うものとする。
　イ　債権者が故意又は過失によって上記アの義務に違反した場合には，上記アの代位をすることができる者は，その喪失又は減少によって償還を受けることができなくなった限度において，その責任を免れるものとする。ただし，その担保の喪失又は減少が代位をすることができる者の正当な代位の期待に反しないときは，この限りでないものとする。
　ウ　上記イによって物上保証人，物上保証人から担保目的物を譲り受けた者又は第三取得者が免責されたときは，その後にその者から担保目的物を譲り受けた者も，免責の効果を主張することができるものとする。
　（注）上記イ第２文については，規定を設けないという考え方がある。

第23 相殺
 1 相殺禁止の意思表示(民法第505条第2項関係)
  民法第505条第2項ただし書の善意という要件を善意無重過失に改めるものとする。

 2 時効消滅した債権を自働債権とする相殺(民法第508条関係)
  民法第508条の規律を次のように改めるものとする。
  債権者は,時効期間が満了した債権について,債務者が時効を援用するまでの間は,当該債権を自働債権として相殺をすることができるものとする。ただし,時効期間が満了した債権を他人から取得した場合には,この限りでないものとする。
  (注)民法第508条の規律を維持するという考え方がある。

 3 不法行為債権を受働債権とする相殺の禁止(民法第509条関係)
  民法第509条の規律を改め,次に掲げる債権の債務者は,相殺をもって債権者に対抗することができないものとする。
  (1) 債務者が債権者に対して損害を与える意図で加えた不法行為に基づく損害賠償債権
  (2) 債務者が債権者に対して損害を与える意図で債務を履行しなかったことに基づく損害賠償債権
  (3) 生命又は身体の侵害があったことに基づく損害賠償債権

 4 支払の差止めを受けた債権を受働債権とする相殺(民法第511条関係)
  民法第511条の規律を次のように改めるものとする。
  (1) 債権の差押えがあった場合であっても,第三債務者は,差押えの前に生じた原因に基づいて取得した債権による相殺をもって差押債権者に対抗することができるものとする。
  (2) 第三債務者が取得した上記(1)の債権が差押え後に他人から取得したものである場合には,これによる相殺は,差押債権者に対抗することができないものとする。

 5 相殺の充当(民法第512条関係)
  民法第512条の規律を次のように改めるものとする。
  (1) 相殺をする債権者の債権が債務者に対して負担する債務の全部を消滅させるのに足りない場合において,当事者間に充当の順序に関する合意があるときは,その順序に従い充当するものとする。
  (2) 上記(1)の合意がないときは,相殺に適するようになった時期の順序に従って充当するものとする。

(3) 上記(2)の場合において，相殺に適するようになった時期を同じくする債務が複数あるときは，弁済の充当に関する規律（前記第22，7）のうち，法定充当の規律を準用するものとする。

第24　更改
　1　更改の要件及び効果（民法第513条関係）
　　民法第513条の規律を改め，当事者が債務を消滅させ，その債務とは給付の内容が異なる新たな債務を成立させる契約をしたときは，従前の債務は，更改によって消滅するものとする。

　2　債務者の交替による更改（民法第514条関係）
　　民法第514条の規律を改め，債権者，債務者及び第三者の間で，従前の債務を消滅させ，第三者が債権者に対して新たな債務を負担する契約をしたときも，従前の債務は，更改によって消滅するものとする。

　3　債権者の交替による更改（民法第515条・第516条関係）
　　債権者の交替による更改（民法第515条・第516条）の規律を次のように改めるものとする。
　(1) 債権者，債務者及び第三者の間で，従前の債務を消滅させ，第三者が債務者に対する新たな債権を取得する契約をしたときも，従前の債務は，更改によって消滅するものとする。
　(2) 債権者の交替による更改の第三者対抗要件を，債権譲渡の第三者対抗要件（前記第18，2）と整合的な制度に改めるものとする。
　(3) 民法第516条を削除するものとする。

　4　更改の効力と旧債務の帰すう（民法第517条関係）
　　民法第517条を削除するものとする。

　5　更改後の債務への担保の移転（民法第518条関係）
　　民法第518条の規律を次のように改めるものとする。
　(1) 債権者は，更改前の債務の限度において，その債務の担保として設定された担保権及び保証を更改後の債務に移すことができるものとする。
　(2) 上記(1)の担保の移転は，更改契約と同時にする意思表示によってしなければならないものとする。
　(3) 上記(1)の担保権が第三者の設定したものである場合には，その承諾を得なければならないものとする。
　(4) 更改前の債務の保証人が上記(1)により更改後の債務を履行する責任を負うためには，保証人が，書面をもって，その責任を負う旨の承諾をすることを要するものとする。

6 三面更改
 (1) 債権者，債務者及び第三者の間で，従前の債務を消滅させ，債権者の第三者に対する新たな債権と，第三者の債務者に対する新たな債権とが成立する契約をしたときも，従前の債務は，更改によって消滅するものとする。
 (2) 上記(1)の契約によって成立する新たな債権は，いずれも，消滅する従前の債務と同一の給付を内容とするものとする。
 (3) 将来債権について上記(1)の契約をした場合において，債権が発生したときは，その時に，その債権に係る債務は，当然に更改によって消滅するものとする。
 (4) 上記(1)の更改の第三者対抗要件として，前記3(2)（債権者の交替による更改の第三者対抗要件）の規律を準用するものとする。
 （注）これらのような規定を設けないという考え方がある。また，上記(4)については，規定を設けない（解釈に委ねる）という考え方がある。

第25 免除
 民法第519条の規律に付け加えて，免除によって債務者に損害が生じたときは，債権者は，その損害を賠償しなければならないものとする。
 （注）債権者と債務者との間で債務を免除する旨の合意があったときは，その債権は，消滅するが，債務者が債務を履行することについて利益を有しない場合には，債務者の承諾があったものとみなすとして，民法第519条の規律を改めるという考え方がある。

第26 契約に関する基本原則等
1 契約内容の自由
 契約の当事者は，法令の制限内において，自由に契約の内容を決定することができるものとする。

2 履行請求権の限界事由が契約成立時に生じていた場合の契約の効力
 契約は，それに基づく債務の履行請求権の限界事由が契約の成立の時点で既に生じていたことによっては，その効力を妨げられないものとする。
 （注）このような規定を設けないという考え方がある。

3 付随義務及び保護義務
 (1) 契約の当事者は，当該契約において明示又は黙示に合意されていない場合であっても，相手方が当該契約によって得ようとした利益を得ることができるよう，当該契約の趣旨に照らして必要と認められる行為をしなければならないものとする。
 (2) 契約の当事者は，当該契約において明示又は黙示に合意されていない場合

であっても，当該契約の締結又は当該契約に基づく債権の行使若しくは債務の履行に当たり，相手方の生命，身体，財産その他の利益を害しないために当該契約の趣旨に照らして必要と認められる行為をしなければならないものとする。
　（注）これらのような規定を設けないという考え方がある。

4　信義則等の適用に当たっての考慮要素
　消費者と事業者との間で締結される契約（消費者契約）のほか，情報の質及び量並びに交渉力の格差がある当事者間で締結される契約に関しては，民法第1条第2項及び第3項その他の規定の適用に当たって，その格差の存在を考慮しなければならないものとする。
　（注）このような規定を設けないという考え方がある。また，「消費者と事業者との間で締結される契約（消費者契約）のほか，」という例示を設けないという考え方がある。

第27　契約交渉段階
1　契約締結の自由と契約交渉の不当破棄
　契約を締結するための交渉の当事者の一方は，契約が成立しなかった場合であっても，これによって相手方に生じた損害を賠償する責任を負わないものとする。ただし，相手方が契約の成立が確実であると信じ，かつ，契約の性質，当事者の知識及び経験，交渉の進捗状況その他交渉に関する一切の事情に照らしてそのように信ずることが相当であると認められる場合において，その当事者の一方が，正当な理由なく契約の成立を妨げたときは，その当事者の一方は，これによって相手方に生じた損害を賠償する責任を負うものとする。
　（注）このような規定を設けないという考え方がある。

2　契約締結過程における情報提供義務
　契約の当事者の一方がある情報を契約締結前に知らずに当該契約を締結したために損害を受けた場合であっても，相手方は，その損害を賠償する責任を負わないものとする。ただし，次のいずれにも該当する場合には，相手方は，その損害を賠償しなければならないものとする。
(1) 相手方が当該情報を契約締結前に知り，又は知ることができたこと。
(2) その当事者の一方が当該情報を契約締結前に知っていれば当該契約を締結せず，又はその内容では当該契約を締結しなかったと認められ，かつ，それを相手方が知ることができたこと。
(3) 契約の性質，当事者の知識及び経験，契約を締結する目的，契約交渉の経緯その他当該契約に関する一切の事情に照らし，その当事者の一方が自ら当該情報を入手することを期待することができないこと。
(4) その内容で当該契約を締結したことによって生ずる不利益をその当事者の

一方に負担させることが，上記(3)の事情に照らして相当でないこと
　(注）このような規定を設けないという考え方がある。

第28　契約の成立
1　申込みと承諾
　(1)　契約の申込みに対して，相手方がこれを承諾したときは，契約が成立するものとする。
　(2)　上記(1)の申込みは，それに対する承諾があった場合に契約を成立させるのに足りる程度に，契約の内容を示したものであることを要するものとする。

2　承諾の期間の定めのある申込み（民法第521条第1項・第522条関係）
　(1)　民法第521条第1項の規律を改め，承諾の期間を定めてした契約の申込みは，申込者が反対の意思を表示した場合を除き，撤回することができないものとする。
　(2)　民法第522条を削除するものとする。

3　承諾の期間の定めのない申込み（民法第524条関係）
　民法第524条の規律を次のように改めるものとする。
　(1)　承諾の期間を定めないでした申込みは，申込者が承諾の通知を受けるのに相当な期間を経過するまでは，撤回することができないものとする。ただし，申込者が反対の意思を表示したときは，その期間内であっても撤回することができるものとする。
　(2)　上記(1)の申込みは，申込みの相手方が承諾することはないと合理的に考えられる期間が経過したときは，効力を失うものとする。
　（注）民法第524条の規律を維持するという考え方がある。

4　対話者間における申込み
　(1)　対話者間における申込みは，対話が終了するまでの間は，いつでも撤回することができるものとする。
　(2)　対話者間における承諾期間の定めのない申込みは，対話が終了するまでの間に承諾しなかったときは，効力を失うものとする。ただし，申込者がこれと異なる意思を表示したときは，その意思に従うものとする。

5　申込者及び承諾者の死亡等（民法第525条関係）
　民法第525条の規律を次のように改めるものとする。
　(1)　申込者が申込みの通知を発した後に死亡し，意思能力を喪失した常況にある者となり，又は行為能力の制限を受けた場合において，相手方が承諾の通知を発するまでにその事実を知ったときは，その申込みは，効力を有しないものとする。ただし，申込者が反対の意思を表示したときには，この限りで

ないものとする。
(2) 承諾者が承諾の通知を発した後に死亡し，意思能力を喪失した常況にある者となり，又は行為能力の制限を受けた場合において，その承諾の通知が到達するまでに相手方がその事実を知ったときは，その承諾は，効力を有しないものとする。ただし，承諾者が反対の意思を表示したときには，この限りでないものとする。

6　契約の成立時期（民法第526条第1項・第527条関係）
(1) 民法第526条第1項を削除するものとする。
(2) 民法第527条を削除するものとする。
（注）上記(1)については，民法第526条第1項を維持するという考え方がある。

7　懸賞広告
　懸賞広告に関する民法第529条から第532条までの規律を基本的に維持した上で，次のように改めるものとする。
(1) 民法第529条の規律に付け加えて，指定した行為をした者が懸賞広告を知らなかった場合であっても，懸賞広告者は，その行為をした者に対して報酬を与える義務を負うものとする。
(2) 懸賞広告の効力に関する次の規律を設けるものとする。
　ア　懸賞広告者がその指定した行為をする期間を定めた場合において，当該期間内に指定した行為が行われなかったときは，懸賞広告は，その効力を失うものとする。
　イ　懸賞広告者がその指定した行為をする期間を定めなかった場合において，指定した行為が行われることはないと合理的に考えられる期間が経過したときは，懸賞広告は，その効力を失うものとする。
(3) 民法第530条の規律を次のように改めるものとする。
　ア　懸賞広告者は，その指定した行為をする期間を定めた場合には，その懸賞広告を撤回することができないものとする。ただし，懸賞広告者がこれと反対の意思を表示したときは，懸賞広告を撤回することができるものとする。
　イ　懸賞広告者は，その指定した行為をする期間を定めなかった場合には，その指定した行為を完了する者がない間は，その懸賞広告を撤回することができるものとする。
　ウ　懸賞広告の撤回は，前の広告と同一の方法によるほか，他の方法によってすることもできるものとする。ただし，他の方法によって撤回をした場合には，これを知った者に対してのみ，その効力を有するものとする。

第29 契約の解釈
 1 契約の内容について当事者が共通の理解をしていたときは、契約は、その理解に従って解釈しなければならないものとする。
 2 契約の内容についての当事者の共通の理解が明らかでないときは、契約は、当事者が用いた文言その他の表現の通常の意味のほか、当該契約に関する一切の事情を考慮して、当該契約の当事者が合理的に考えれば理解したと認められる意味に従って解釈しなければならないものとする。
 3 上記1及び2によって確定することができない事項が残る場合において、当事者がそのことを知っていれば合意したと認められる内容を確定することができるときは、契約は、その内容に従って解釈しなければならないものとする。
　（注）契約の解釈に関する規定を設けないという考え方がある。また、上記3のような規定のみを設けないという考え方がある。

第30 約款
 1 約款の定義
　　約款とは、多数の相手方との契約の締結を予定してあらかじめ準備される契約条項の総体であって、それらの契約の内容を画一的に定めることを目的として使用するものをいうものとする。
　（注）約款に関する規律を設けないという考え方がある。

 2 約款の組入要件の内容
　　契約の当事者がその契約に約款を用いることを合意し、かつ、その約款を準備した者（以下「約款使用者」という。）によって、契約締結時までに、相手方が合理的な行動を取れば約款の内容を知ることができる機会が確保されている場合には、約款は、その契約の内容となるものとする。
　（注）約款使用者が相手方に対して、契約締結時までに約款を明示的に提示することを原則的な要件として定めた上で、開示が困難な場合に例外を設けるとする考え方がある。

 3 不意打ち条項
　　約款に含まれている契約条項であって、他の契約条項の内容、約款使用者の説明、相手方の知識及び経験その他の当該契約に関する一切の事情に照らし、相手方が約款に含まれていることを合理的に予測することができないものは、前記2によっては契約の内容とはならないものとする。

 4 約款の変更
　　約款の変更に関して次のような規律を設けるかどうかについて、引き続き検討する。
　(1) 約款が前記2によって契約内容となっている場合において、次のいずれに

も該当するときは，約款使用者は，当該約款を変更することにより，相手方の同意を得ることなく契約内容の変更をすることができるものとする。
　　　ア　当該約款の内容を画一的に変更すべき合理的な必要性があること。
　　　イ　当該約款を使用した契約が現に多数あり，その全ての相手方から契約内容の変更についての同意を得ることが著しく困難であること。
　　　ウ　上記アの必要性に照らして，当該約款の変更の内容が合理的であり，かつ，変更の範囲及び程度が相当なものであること。
　　　エ　当該約款の変更の内容が相手方に不利益なものである場合にあっては，その不利益の程度に応じて適切な措置が講じられていること。
　　(2)　上記(1)の約款の変更は，約款使用者が，当該約款を使用した契約の相手方に，約款を変更する旨及び変更後の約款の内容を合理的な方法により周知することにより，効力を生ずるものとする。

　5　不当条項規制
　　　前記2によって契約の内容となった契約条項は，当該条項が存在しない場合に比し，約款使用者の相手方の権利を制限し，又は相手方の義務を加重するものであって，その制限又は加重の内容，契約内容の全体，契約締結時の状況その他一切の事情を考慮して相手方に過大な不利益を与える場合には，無効とするものとする。
　　　（注）このような規定を設けないという考え方がある。

第31　第三者のためにする契約
　1　第三者のためにする契約の成立等（民法第537条関係）
　　　民法第537条の規律を次のように改めるものとする。
　　(1)　契約により当事者の一方が第三者に対してある給付をすることを約したときは，その第三者（以下「受益者」という。）は，その当事者の一方（以下「諾約者」という。）に対して直接にその給付を請求する権利を有するものとする。
　　(2)　上記(1)の契約は，その締結時に受益者が胎児その他の現に存しない者である場合であっても，効力を生ずるものとする。
　　(3)　上記(1)の場合において，受益者の権利は，その受益者が諾約者に対して上記(1)の契約の利益を享受する意思を表示した時に発生するものとする。
　　(4)　上記(1)の場合において，上記(1)の契約の相手方（以下「要約者」という。）は，諾約者に対し，受益者への債務の履行を請求することができるものとする。

　2　要約者による解除権の行使（民法第538条関係）
　　　民法第538条の規律に付け加えて，諾約者が受益者に対する債務を履行しない場合には，要約者は，受益者の承諾を得て，契約を解除することができるものとする。

第32 事情変更の法理
　　契約の締結後に，その契約において前提となっていた事情に変更が生じた場合において，その事情の変更が次に掲げる要件のいずれにも該当するなど一定の要件を満たすときは，当事者は，［契約の解除／契約の解除又は契約の改訂の請求］をすることができるものとするかどうかについて，引き続き検討する。
　ア　その事情の変更が契約締結時に当事者が予見することができず，かつ，当事者の責めに帰することのできない事由により生じたものであること。
　イ　その事情の変更により，契約をした目的を達することができず，又は当初の契約内容を維持することが当事者間の衡平を著しく害することとなること。

第33 不安の抗弁権
　　双務契約の当事者のうち自己の債務を先に履行すべき義務を負う者は，相手方につき破産手続開始，再生手続開始又は更生手続開始の申立てがあったことその他の事由により，その反対給付である債権につき履行を得られないおそれがある場合において，その事由が次に掲げる要件のいずれかに該当するときは，その債務の履行を拒むことができるものとする。ただし，相手方が弁済の提供をし，又は相当の担保を供したときは，この限りでないものとする。
　ア　契約締結後に生じたものであるときは，それが契約締結の時に予見することができなかったものであること
　イ　契約締結時に既に生じていたものであるときは，契約締結の時に正当な理由により知ることができなかったものであること
　（注）このような規定を設けないという考え方がある。また，再生手続又は更生手続が開始された後は，このような権利を行使することができないものとするという考え方がある。

第34 継続的契約
 1　期間の定めのある契約の終了
 (1)　期間の定めのある契約は，その期間の満了によって終了するものとする。
 (2)　上記(1)にかかわらず，当事者の一方が契約の更新を申し入れた場合において，当該契約の趣旨，契約に定めた期間の長短，従前の更新の有無及びその経緯その他の事情に照らし，当該契約を存続させることにつき正当な事由があると認められるときは，当該契約は，従前と同一の条件で更新されたものとみなすものとする。ただし，その期間は，定めがないものとする。
　（注）これらのような規定を設けない（解釈に委ねる）という考え方がある。

 2　期間の定めのない契約の終了
 (1)　期間の定めのない契約の当事者の一方は，相手方に対し，いつでも解約の申入れをすることができるものとする。

(2) 上記(1)の解約の申入れがされたときは，当該契約は，解約の申入れの日から相当な期間を経過することによって終了するものとする。この場合において，解約の申入れに相当な予告期間が付されていたときは，当該契約は，その予告期間を経過することによって終了するものとする。
(3) 上記(1)及び(2)にかかわらず，当事者の一方が解約の申入れをした場合において，当該契約の趣旨，契約の締結から解約の申入れまでの期間の長短，予告期間の有無その他の事情に照らし，当該契約を存続させることにつき正当な事由があると認められるときは，当該契約は，その解約の申入れによっては終了しないものとする。
(注) これらのような規定を設けない（解釈に委ねる）という考え方がある。

3 解除の効力
前記1(1)又は2(1)の契約を解除した場合には，その解除は，将来に向かってのみその効力を生ずるものとする。

第35 売買

1 売買の予約（民法第556条関係）
民法第556条第1項の規律を改め，売買の予約とは，当事者の一方又は双方に対して，予め定めた内容の売買契約を単独の意思表示によって成立させる権利を与える旨の当事者間の合意をいうものとする。

2 手付（民法第557条関係）
民法第557条第1項の規律を次のように改めるものとする。
買主が売主に手付を交付したときは，買主はその手付を放棄し，売主はその倍額を現実に提供して，契約の解除をすることができるものとする。ただし，その相手方が契約の履行に着手した後は，この限りでないものとする。

3 売主の義務
(1) 売主は，財産権を買主に移転する義務を負うほか，売買の内容に従い，次に掲げる義務を負うものとする。
ア 買主に売買の目的物を引き渡す義務
イ 買主に，登記，登録その他の売買の内容である権利の移転を第三者に対抗するための要件を具備させる義務
(2) 売主が買主に引き渡すべき目的物は，種類，品質及び数量に関して，当該売買契約の趣旨に適合するものでなければならないものとする。
(3) 売主が買主に移転すべき権利は，当該売買契約の趣旨に適合しない他人の地上権，抵当権その他の権利による負担又は当該売買契約の趣旨に適合しない法令の制限がないものでなければならないものとする。
(4) 他人の権利を売買の内容としたとき（権利の一部が他人に属するときを含

む。)は,売主は,その権利を取得して買主に移転する義務を負うものとする。
　　(注)上記(2)については,民法第570条の「瑕疵」という文言を維持して表
　　　　現するという考え方がある。

4　目的物が契約の趣旨に適合しない場合の売主の責任
　　民法第565条及び第570条本文の規律(代金減額請求・期間制限に関するものを除く。)を次のように改めるものとする。
　(1)　引き渡された目的物が前記3(2)に違反して契約の趣旨に適合しないものであるときは,買主は,その内容に応じて,売主に対し,目的物の修補,不足分の引渡し又は代替物の引渡しによる履行の追完を請求することができるものとする。ただし,その権利につき履行請求権の限界事由があるときは,この限りでないものとする。
　(2)　引き渡された目的物が前記3(2)に違反して契約の趣旨に適合しないものであるときは,買主は,売主に対し,債務不履行の一般原則に従って,その不履行による損害の賠償を請求し,又はその不履行による契約の解除をすることができるものとする。
　(3)　売主の提供する履行の追完の方法が買主の請求する方法と異なる場合には,売主の提供する方法が契約の趣旨に適合し,かつ,買主に不相当な負担を課するものでないときに限り,履行の追完は,売主が提供する方法によるものとする。

5　目的物が契約の趣旨に適合しない場合における買主の代金減額請求権
　　前記4(民法第565条・第570条関係)に,次のような規律を付け加えるものとする。
　(1)　引き渡された目的物が前記3(2)に違反して契約の趣旨に適合しないものである場合において,買主が相当の期間を定めて履行の追完の催告をし,売主がその期間内に履行の追完をしないときは,買主は,意思表示により,その不適合の程度に応じて代金の減額を請求することができるものとする。
　(2)　次に掲げる場合には,上記(1)の催告を要しないものとする。
　　ア　履行の追完を請求する権利につき,履行請求権の限界事由があるとき。
　　イ　売主が履行の追完をする意思がない旨を表示したことその他の事由により,売主が履行の追完をする見込みがないことが明白であるとき。
　(3)　上記(1)の意思表示は,履行の追完を請求する権利(履行の追完に代わる損害の賠償を請求する権利を含む。)及び契約の解除をする権利を放棄する旨の意思表示と同時にしなければ,その効力を生じないものとする。

6　目的物が契約の趣旨に適合しない場合における買主の権利の期間制限
　　民法第565条及び第570条本文の規律のうち期間制限に関するものは,次のいずれかの案のように改めるものとする。

【甲案】 引き渡された目的物が前記3(2)に違反して契約の趣旨に適合しないものである場合の買主の権利につき，消滅時効の一般原則とは別の期間制限（民法第564条，第566条第3項参照）を廃止するものとする。
【乙案】 消滅時効の一般原則に加え，引き渡された目的物が前記3(2)に違反して契約の趣旨に適合しないものであることを買主が知った時から［1年以内］にそれを売主に通知しないときは，買主は，前記4又は5による権利を行使することができないものとする。ただし，売主が引渡しの時に目的物が前記3(2)に違反して契約の趣旨に適合しないものであることを知り，又は重大な過失によって知らなかったときは，この限りでないものとする。

7 買主が事業者の場合における目的物検査義務及び適時通知義務
  (1) 買主が事業者であり，その事業の範囲内で売買契約をした場合において，買主は，その売買契約に基づき目的物を受け取ったときは，遅滞なくその目的物の検査をしなければならないものとする。
  (2) 上記(1)の場合において，買主は，受け取った目的物が前記3(2)に違反して契約の趣旨に適合しないものであることを知ったときは，相当な期間内にそれを売主に通知しなければならないものとする。
  (3) 買主は，上記(2)の期間内に通知をしなかったときは，前記4又は5による権利を行使することができないものとする。上記(1)の検査をしなかった場合において，検査をすれば目的物が前記3(2)に違反して契約の趣旨に適合しないことを知ることができた時から相当な期間内にそれを売主に通知しなかったときも，同様とするものとする。
  (4) 上記(3)は，売主が引渡しの時に目的物が前記3(2)に違反して契約の趣旨に適合しないものであることを知り，又は重大な過失によって知らなかったときは，適用しないものとする。
  （注1） これらのような規定を設けないという考え方がある。また，上記(3)についてのみ，規定を設けないという考え方がある。
  （注2） 事業者の定義について，引き続き検討する必要がある。

8 権利移転義務の不履行に関する売主の責任等
  民法第561条から第567条まで（第565条を除く。）の規律を次のように改めるものとする。
  (1) 売主が買主に売買の内容である権利の全部又は一部を移転せず，又は売主が移転した権利に前記3(3)に違反する他人の権利による負担若しくは法令の制限があるときは，買主は，売主に対し，一般原則に従って，その履行を請求し，その不履行による損害の賠償を請求し，又はその不履行による契約の解除をすることができるものとする。
  (2) 上記(1)の債務不履行がある場合（移転すべき権利の全部を移転しない場合

を除く。）において，買主が相当の期間を定めてその履行の催告をし，売主がその期間内に履行をしないときは，買主は，意思表示により，不履行の程度に応じて代金の減額を請求することができるものとする。
(3) 次に掲げる場合には，上記(2)の催告を要しないものとする。
　ア　履行を請求する権利につき，履行請求権の限界事由があるとき。
　イ　売主が履行をする意思がない旨を表示したことその他の事由により，売主が履行をする見込みがないことが明白であるとき。
(4) 上記(2)の意思表示は，履行を請求する権利（履行に代わる損害の賠償を請求する権利を含む。）及び契約の解除をする権利を放棄する旨の意思表示と同時にしなければ，その効力を生じないものとする。
　（注）上記(2)の規律は，抵当権等の金銭債務の担保を内容とする権利による負担がある場合については，適用しないものとするという考え方がある。

9　競売における買受人の権利の特則（民法第568条及び第570条ただし書関係）
　民法第568条及び第570条ただし書の規律を次のように改めるものとする。
(1) 民事執行法その他の法律の規定に基づく競売における買受人は，買い受けた目的物又は権利について買受けの申出の時に知らなかった損傷，他人の権利による負担その他の事情（以下「損傷等」という。）がある場合において，その損傷等により買い受けた目的を達することができないときは，債務者に対し，契約の解除をし，又はその損傷等の程度に応じて代金の減額を請求することができるものとする。ただし，買受人が［重大な］過失によってその損傷等を知らなかったときは，この限りでないものとする。
(2) 上記(1)の場合において，債務者が無資力であるときは，買受人は，代金の配当を受けた債権者に対し，その代金の全部又は一部の返還を請求することができるものとする。
(3) 上記(1)又は(2)の場合において，債務者が目的物若しくは権利の不存在を知りながら申し出なかったとき，又は債権者がこれを知りながら競売を請求したときは，買受人は，これらの者に対し，損害賠償の請求をすることができるものとする。
(4) 買受人は，買い受けた目的物又は権利に損傷等があることを知った時から1年以内にその損傷等を債務者又は配当を受領した債権者に通知しなければ，上記(1)から(3)までの権利を失うものとする。ただし，買い受けた権利の全部が他人に属していたときは，この限りでないものとする。
　（注）競売における担保責任に関して，現状を維持するという考え方がある。また，上記(2)の規律は，上記(3)の要件を満たす債権者についてのみ適用するという考え方がある。

10　買主の義務
　　買主は，売主に代金を支払う義務を負うほか，次に掲げる義務を負うものとする。
　ア　売買の目的物（当該売買契約の趣旨に適合するものに限る。）を受け取る義務
　イ　前記3(1)イの対抗要件を具備させる義務の履行に必要な協力をする義務

11　代金の支払場所（民法第574条関係）
　　民法第574条の規律を次のように改めるものとする。
　(1)　売買の目的物の引渡しと同時に代金を支払うべきときは，その引渡しの場所において支払わなければならないものとする。
　(2)　上記(1)は，代金の支払前に目的物の引渡しがあったときは，適用しないものとする。

12　権利を失うおそれがある場合の買主による代金支払の拒絶（民法第576条関係）
　　民法第576条の規律を次のように改めるものとする。
　　売買の目的について権利を主張する者があることその他の事由により，買主がその買い受けた権利の全部又は一部を取得することができないおそれがあるとき，又はこれを失うおそれがあるときは，買主は，その危険の程度に応じて，代金の全部又は一部の支払を拒むことができるものとする。ただし，売主が相当の担保を供したときは，この限りでないものとする。

13　抵当権等の登記がある場合の買主による代金支払の拒絶（民法第577条関係）
　　民法第577条の規律に付け加えて，先取特権，質権又は抵当権の負担を考慮して代金の額が定められたときは，同条の規定は適用しないものとする。

14　目的物の滅失又は損傷に関する危険の移転
　(1)　売主が買主に目的物を引き渡したときは，買主は，その時以後に生じた目的物の滅失又は損傷を理由とする前記4又は5の権利を有しないものとする。ただし，その滅失又は損傷が売主の債務不履行によって生じたときは，この限りでないものとする。
　(2)　売主が当該売買契約の趣旨に適合した目的物の引渡しを提供したにもかかわらず買主がそれを受け取らなかった場合であって，その目的物が買主に引き渡すべきものとして引き続き特定されているときは，引渡しの提供をした時以後に生じたその目的物の滅失又は損傷についても，上記(1)と同様とする。

15 買戻し（民法第５７９条ほか関係）
　買戻しに関する民法第５７９条から第５８５条までの規律を基本的に維持した上で，次のように改めるものとする。
(1) 民法第５７９条の規律に付け加えて，売主が返還すべき金額について当事者に別段の合意がある場合には，それに従うものとする。
(2) 民法第５８１条第１項を次のように改めるものとする。
　　買戻しの特約を登記したときは，買戻しは，第三者に対しても，その効力を有するものとする。

第36　贈与
1　贈与契約の意義（民法第５４９条関係）
　民法第５４９条の規律を次のように改めるものとする。
　贈与は，当事者の一方が財産権を無償で相手方に移転する意思を表示し，相手方が受諾をすることによって，その効力を生ずるものとする。

2　贈与者の責任（民法第５５１条関係）
　民法第５５１条の規律を次のように改めるものとする。
(1) 贈与者は，次に掲げる事実について，その責任を負わないものとする。ただし，贈与者がこれらの事実を知りながら受贈者に告げなかったときは，この限りでないものとする。
　ア　贈与によって引き渡すべき目的物が存在せず，又は引き渡した目的物が当該贈与契約の趣旨に適合しないものであること。
　イ　贈与者が贈与によって移転すべき権利を有さず，又は贈与者が移転した権利に当該贈与契約の趣旨に適合しない他人の権利による負担若しくは法令の制限があること。
(2) 他人の権利を贈与の内容とした場合（権利の一部が他人に属する場合を含む。）であっても，贈与者がその権利を取得した場合には，その権利を受贈者に移転する義務を負うものとする。
(3) 上記(1)に掲げる事実があることにより，受贈者が贈与契約をした目的を達することができないときは，受贈者は，贈与契約の解除をすることができるものとする。
(4) 負担付贈与の受贈者は，贈与者が贈与契約によって引き渡すべき目的物又は移転すべき権利に上記(1)に掲げる事実があることにより，受贈者の負担の価額がその受け取った物又は権利の価額を超えるときは，受贈者は，その超える額に相当する負担の履行を拒み，又は履行した負担の返還を請求することができるものとする。この場合において，負担を返還することができないときは，負担の価額の償還を請求することができるものとする。
　(注) 上記(1)から(3)までについては，贈与者の履行義務並びにその不履行による損害賠償及び契約の解除に関する規律をそれぞれ一般原則に委ねると

いう考え方がある。

3 贈与契約の解除による返還義務の特則
　贈与契約が解除されたときは、受贈者は、解除の時に現に存していた利益の限度において、返還の義務を負うものとする。

4 贈与者の困窮による贈与契約の解除
　贈与者が贈与契約の時に予見することのできなかった事情の変更が生じ、これにより贈与者の生活が著しく困窮したときは、贈与者は、贈与契約の解除をすることができるものとする。ただし、履行の終わった部分については、この限りでないものとする。

5 受贈者に著しい非行があった場合の贈与契約の解除
　(1) 贈与契約の後に、受贈者が贈与者に対して虐待をし、若しくは重大な侮辱を加えたとき、又は受贈者にその他の著しい非行があったときは、贈与者は、贈与契約の解除をすることができるものとする。
　(2) 上記(1)の解除権は、贈与者の一身に専属するものとする。ただし、受贈者が上記(1)に該当する行為により贈与者を死亡させたときは、この限りでないものとする。
　(3) 上記(1)の解除があったときは、受贈者は、上記(1)の解除の原因が生じた時に現に存していた利益の限度で、返還の義務を負うものとする。
　(4) 上記(1)の解除権は、贈与の履行が終わった時から［１０年］を経過したときは、その部分については行使できないものとする。

第37 消費貸借
1 消費貸借の成立等（民法第５８７条関係）
　民法第５８７条の規律を次のように改めるものとする。
　(1) 消費貸借は、当事者の一方が種類、品質及び数量の同じ物をもって返還をすることを約して相手方から金銭その他の物を受け取ることによって、その効力を生ずるものとする。
　(2) 上記(1)にかかわらず、書面でする消費貸借は、当事者の一方が金銭その他の物を引き渡すことを約し、相手方がその物を受け取った後にこれと種類、品質及び数量の同じ物をもって返還をすることを約することによって、その効力を生ずるものとする。
　(3) 消費貸借がその内容を記録した電磁的記録（電子的方式、磁気的方式その他人の知覚によっては認識することができない方式で作られる記録であって、電子計算機による情報処理の用に供されるものをいう。）によってされたときは、その消費貸借は、書面によってされたものとみなすものとする。
　(4) 上記(2)又は(3)の消費貸借の借主は、貸主から金銭その他の物を受け取る

まで，その消費貸借の解除をすることができるものとする。この場合において，貸主に損害が生じたときは，借主は，その損害を賠償しなければならないものとする。
  (5) 上記(2)又は(3)の消費貸借は，借主が貸主から金銭その他の物を受け取る前に当事者の一方が破産手続開始の決定を受けたときは，その効力を失うものとする。
   (注) 上記(4)第2文については，規定を設けない（解釈に委ねる）という考え方がある。

2　消費貸借の予約（民法第589条関係）
　民法第589条の規律を次のように改めるものとする。
 (1) 消費貸借の予約は，書面でしなければ，その効力を生じないものとする。
 (2) 消費貸借の予約がその内容を記録した電磁的記録（前記1(3)参照）によってされたときは，その消費貸借の予約は，書面によってされたものとみなすものとする。
 (3) 消費貸借の予約は，その後に当事者の一方が破産手続開始の決定を受けたときは，その効力を失うものとする。

3　準消費貸借（民法第588条関係）
　民法第588条の規律を次のように改めるものとする。
　金銭その他の物を給付する義務を負う者がある場合において，当事者がその物を消費貸借の目的とすることを約したときは，消費貸借は，これによって成立したものとみなすものとする。

4　利息
　利息の定めがある場合には，借主は，貸主から金銭その他の物を受け取った日から起算して利息を支払う義務を負うものとする。

5　貸主の担保責任（民法第590条関係）
　民法第590条の規律を次のように改めるものとする。
 (1) 利息付きの消費貸借において，引き渡された目的物が当該消費貸借契約の趣旨に適合していない場合における貸主の担保責任については，売主の担保責任に関する規定を準用するものとする。
 (2) 無利息の消費貸借において，引き渡された目的物が当該消費貸借契約の趣旨に適合していない場合における貸主の担保責任については，贈与者の担保責任に関する規定を準用するものとする。
 (3) 利息の有無にかかわらず，借主は，当該消費貸借契約の趣旨に適合していない引き渡された物の価額を返還することができるものとする。

6 期限前弁済（民法第591条第2項，第136条第2項関係）
民法第591条第2項の規律を次のように改めるものとする。
(1) 当事者が返還の時期を定めなかったときは，借主は，いつでも返還をすることができるものとする。
(2) 当事者が返還の時期を定めた場合であっても，借主は，いつでも返還をすることができるものとする。この場合において，貸主に損害が生じたときは，借主は，その損害を賠償しなければならないものとする。

第38 賃貸借
1 賃貸借の成立（民法第601条関係）
民法第601条の規律を次のように改めるものとする。
賃貸借は，当事者の一方がある物の使用及び収益を相手方にさせることを約し，相手方がこれに対してその賃料を支払うこと及び引渡しを受けた物を契約が終了した後に返還することを約することによって，その効力を生ずるものとする。

2 短期賃貸借（民法第602条関係）
民法第602条柱書の部分の規律を次のように改めるものとする。
処分の権限を有しない者が賃貸借をする場合には，同条各号に掲げる賃貸借は，それぞれ当該各号に定める期間を超えることができないものとする。契約でこれより長い期間を定めたときであっても，その期間は，当該各号に定める期間とするものとする。

3 賃貸借の存続期間（民法第604条関係）
民法第604条を削除するものとする。
（注）民法第604条を維持するという考え方がある。

4 不動産賃貸借の対抗力，賃貸人たる地位の移転等（民法第605条関係）
民法第605条の規律を次のように改めるものとする。
(1) 不動産の賃貸借は，これを登記したときは，その不動産について物権を取得した者その他の第三者に対抗することができるものとする。
(2) 不動産の譲受人に対して上記(1)により賃貸借を対抗することができる場合には，その賃貸人たる地位は，譲渡人から譲受人に移転するものとする。
(3) 上記(2)の場合において，譲渡人及び譲受人が，賃貸人たる地位を譲渡人に留保し，かつ，当該不動産を譲受人が譲渡人に賃貸する旨の合意をしたときは，賃貸人たる地位は，譲受人に移転しないものとする。この場合において，その後に譲受人と譲渡人との間の賃貸借が終了したときは，譲渡人に留保された賃貸人たる地位は，譲受人又はその承継人に移転するものとする。
(4) 上記(2)又は(3)第2文による賃貸人たる地位の移転は，賃貸物である不動

産について所有権移転の登記をしなければ，賃借人に対抗することができないものとする。
  (5) 上記(2)又は(3)第２文により賃貸人たる地位が譲受人又はその承継人に移転したときは，後記７(2)の敷金の返還に係る債務及び民法第６０８条に規定する費用の償還に係る債務は，譲受人又はその承継人に移転するものとする。
  （注）上記(3)については，規定を設けない（解釈に委ねる）という考え方がある。

5 合意による賃貸人たる地位の移転
  不動産の譲受人に対して賃貸借を対抗することができない場合であっても，その賃貸人たる地位は，譲渡人及び譲受人の合意により，賃借人の承諾を要しないで，譲渡人から譲受人に移転させることができるものとする。この場合においては，前記４(4)及び(5)を準用するものとする。

6 不動産の賃借人による妨害排除等請求権
  不動産の賃借人は，賃貸借の登記をした場合又は借地借家法その他の法律が定める賃貸借の対抗要件を備えた場合において，次の各号に掲げるときは，当該各号に定める請求をすることができるものとする。
  (1) 不動産の占有を第三者が妨害しているとき
    当該第三者に対する妨害の停止の請求
  (2) 不動産を第三者が占有しているとき
    当該第三者に対する返還の請求

7 敷金
  (1) 敷金とは，いかなる名義をもってするかを問わず，賃料債務その他の賃貸借契約に基づいて生ずる賃借人の賃貸人に対する金銭債務を担保する目的で，賃借人が賃貸人に対して交付する金銭をいうものとする。
  (2) 敷金が交付されている場合において，賃貸借が終了し，かつ，賃貸人が賃貸物の返還を受けたとき，又は賃借人が適法に賃借権を譲渡したときは，賃貸人は，賃借人に対し，敷金の返還をしなければならないものとする。この場合において，賃料債務その他の賃貸借契約に基づいて生じた賃借人の賃貸人に対する金銭債務があるときは，敷金は，当該債務の弁済に充当されるものとする。
  (3) 上記(2)第１文により敷金の返還債務が生ずる前においても，賃貸人は，賃借人が賃料債務その他の賃貸借契約に基づいて生じた金銭債務の履行をしないときは，敷金を当該債務の弁済に充当することができるものとする。この場合において，賃借人は，敷金を当該債務の弁済に充当することができないものとする。

8 賃貸物の修繕等（民法第６０６条第１項関係）
　民法第６０６条第１項の規律を次のように改めるものとする。
(1) 賃貸人は，賃貸物の使用及び収益に必要な修繕をする義務を負うものとする。
(2) 賃借物が修繕を要する場合において，賃借人がその旨を賃貸人に通知し，又は賃貸人がその旨を知ったにもかかわらず，賃貸人が相当の期間内に必要な修繕をしないときは，賃借人は，自ら賃借物の使用及び収益に必要な修繕をすることができるものとする。ただし，急迫の事情があるときは，賃借人は，直ちに賃借物の使用及び収益に必要な修繕をすることができるものとする。
　（注）上記(2)については，「賃貸人が上記(1)の修繕義務を履行しないときは，賃借人は，賃借物の使用及び収益に必要な修繕をすることができる」とのみ定めるという考え方がある。

9 減収による賃料の減額請求等（民法第６０９条・第６１０条関係）
　民法第６０９条及び第６１０条を削除するものとする。

10 賃借物の一部滅失等による賃料の減額等（民法第６１１条関係）
　民法第６１１条の規律を次のように改めるものとする。
(1) 賃借物の一部が滅失した場合その他の賃借人が賃借物の一部の使用及び収益をすることができなくなった場合には，賃料は，その部分の割合に応じて減額されるものとする。この場合において，賃借物の一部の使用及び収益をすることができなくなったことが契約の趣旨に照らして賃借人の責めに帰すべき事由によるものであるときは，賃料は，減額されないものとする。
(2) 上記(1)第２文の場合において，賃貸人は，自己の債務を免れたことによって利益を得たときは，これを賃借人に償還しなければならないものとする。
(3) 賃借物の一部が滅失した場合その他の賃借人が賃借物の一部の使用及び収益をすることができなくなった場合において，残存する部分のみでは賃借人が賃借をした目的を達することができないときは，賃借人は，契約の解除をすることができるものとする。
　（注）上記(1)及び(2)については，民法第６１１条第１項の規律を維持するという考え方がある。

11 転貸の効果（民法第６１３条関係）
　民法第６１３条の規律を次のように改めるものとする。
(1) 賃借人が適法に賃借物を転貸したときは，賃貸人は，転借人が転貸借契約に基づいて賃借物の使用及び収益をすることを妨げることができないものとする。
(2) 賃借人が適法に賃借物を転貸したときは，転借人は，転貸借契約に基づく

債務を賃貸人に対して直接履行する義務を負うものとする。この場合において，直接履行すべき債務の範囲は，賃貸人と賃借人（転貸人）との間の賃貸借契約に基づく債務の範囲に限られるものとする。
- (3) 上記(2)の場合において，転借人は，転貸借契約に定めた時期の前に転貸人に対して賃料を支払ったとしても，上記(2)の賃貸人に対する義務を免れないものとする。
- (4) 上記(2)及び(3)は，賃貸人が賃借人に対してその権利を行使することを妨げないものとする。
- (5) 賃借人が適法に賃借物を転貸した場合において，賃貸人及び賃借人が賃貸借契約を合意により解除したときは，賃貸人は，転借人に対し，当該解除の効力を主張することができないものとする。ただし，当該解除の時点において債務不履行を理由とする解除の要件を満たしていたときは，この限りでないものとする。

（注）上記(3)については，民法第６１３条第１項後段の文言を維持するという考え方がある。

12 賃借物の全部滅失等による賃貸借の終了
　　賃借物の全部が滅失した場合その他の賃借人が賃借物の全部の使用及び収益をすることができなくなった場合には，賃貸借は，終了するものとする。

13 賃貸借終了後の収去義務及び原状回復義務（民法第６１６条，第５９８条関係）
　　民法第６１６条（同法第５９８条の準用）の規律を次のように改めるものとする。
- (1) 賃借人は，賃借物を受け取った後にこれに附属させた物がある場合において，賃貸借が終了したときは，その附属させた物を収去する権利を有し，義務を負うものとする。ただし，賃借物から分離することができない物又は賃借物から分離するのに過分の費用を要する物については，この限りでないものとする。
- (2) 賃借人は，賃借物を受け取った後にこれに生じた損傷がある場合において，賃貸借が終了したときは，その損傷を原状に復する義務を負うものとする。この場合において，その損傷が契約の趣旨に照らして賃借人の責めに帰することができない事由によって生じたものであるときは，賃借人は，その損傷を原状に復する義務を負わないものとする。
- (3) 賃借人は，賃借物の通常の使用及び収益をしたことにより生じた賃借物の劣化又は価値の減少については，これを原状に復する義務を負わないものとする。

14 損害賠償及び費用償還の請求権に関する期間制限（民法第６２１条，第６０

０条関係）
　　民法第６２１条（同法第６００条の準用）の規律を次のように改めるものとする。
　(1) 契約の趣旨に反する使用又は収益によって生じた損害の賠償は，賃貸人が賃貸物の返還を受けた時から１年以内に請求しなければならないものとする。
　(2) 上記(1)の損害賠償請求権については，賃貸人が賃貸物の返還を受けた時から１年を経過するまでの間は，消滅時効は，完成しないものとする。
　(3) 賃借人が支出した費用の償還請求権に関する期間制限の部分を削除するものとする。

15　賃貸借に類似する契約
　(1) ファイナンス・リース契約
　　　賃貸借の節に次のような規定を設けるものとする。
　　ア　当事者の一方が相手方の指定する財産を取得してこれを相手方に引き渡すこと並びに相手方による当該財産の使用及び収益を受忍することを約し，相手方がその使用及び収益の対価としてではなく当該財産の取得費用等に相当する額の金銭を支払うことを約する契約については，民法第６０６条第１項，第６０８条第１項その他の当該契約の性質に反する規定を除き，賃貸借の規定を準用するものとする。
　　イ　上記アの当事者の一方は，相手方に対し，有償契約に準用される売主の担保責任（前記第３５，４以下参照）を負わないものとする。
　　ウ　上記アの当事者の一方がその財産の取得先に対して売主の担保責任に基づく権利を有するときは，上記アの相手方は，その当事者の一方に対する意思表示により，当該権利（解除権及び代金減額請求権を除く。）を取得することができるものとする。
　(2) ライセンス契約
　　　賃貸借の節に次のような規定を設けるものとする。
　　　当事者の一方が自己の有する知的財産権（知的財産基本法第２条第２項参照）に係る知的財産（同条第１項参照）を相手方が利用することを受忍することを約し，相手方がこれに対してその利用料を支払うことを約する契約については，前記４(2)から(5)まで（賃貸人たる地位の移転等）その他の当該契約の性質に反する規定を除き，賃貸借の規定を準用するものとする。
　（注）上記(1)及び(2)のそれぞれについて，賃貸借の節に規定を設けるのではなく新たな典型契約とするという考え方，そもそも規定を設けないという考え方がある。

第39　使用貸借
１　使用貸借の成立等（民法第５９３条関係）
　　民法第５９３条の規律を次のように改めるものとする。

(1) 使用貸借は，当事者の一方がある物を引き渡すことを約し，相手方が引渡しを受けた物を無償で使用及び収益をした後に返還することを約することによって，その効力を生ずるものとする。
  (2) 使用貸借の当事者は，借主が借用物を受け取るまでは，契約の解除をすることができるものとする。ただし，書面による使用貸借の貸主は，借主が借用物を受け取る前であっても，契約の解除をすることができないものとする。

2 使用貸借の終了（民法第５９７条関係）
　民法第５９７条の規律を次のように改めるものとする。
  (1) 当事者が返還の時期を定めたときは，使用貸借は，その時期が到来した時に終了するものとする。
  (2) 当事者が返還の時期を定めず，使用及び収益の目的を定めたときは，使用貸借は，借主がその目的に従い使用及び収益を終わった時に終了するものとする。
  (3) 当事者が返還の時期を定めず，使用及び収益の目的を定めた場合において，借主がその目的に従い使用及び収益をするのに足りる期間を経過したときは，貸主は，契約の解除をすることができるものとする。
  (4) 当事者が返還の時期並びに使用及び収益の目的を定めなかったときは，貸主は，いつでも契約の解除をすることができるものとする。
  (5) 借主は，借用物を受け取った後であっても，いつでも契約の解除をすることができるものとする。

3 使用貸借終了後の収去義務及び原状回復義務（民法第５９８条関係）
　民法第５９８条の規律を次のように改めるものとする。
  (1) 借主は，借用物を受け取った後にこれに附属させた物がある場合において，使用貸借が終了したときは，その附属させた物を収去する権利を有し，義務を負うものとする。ただし，借用物から分離することができない物又は借用物から分離するのに過分の費用を要する物については，この限りでないものとする。
  (2) 借主は，借用物を受け取った後にこれに生じた損傷がある場合において，使用貸借が終了したときは，その損傷を原状に復する義務を負うものとする。この場合において，その損傷が契約の趣旨に照らして借主の責めに帰することができない事由によって生じたものであるときは，借主は，その損傷を原状に復する義務を負わないものとする。

4 損害賠償及び費用償還の請求権に関する期間制限（民法第６００条関係）
　民法第６００条の規律を次のように改めるものとする。
  (1) 契約の趣旨に反する使用又は収益によって生じた損害の賠償は，貸主が目的物の返還を受けた時から１年以内に請求しなければならないものとする。

(2) 上記(1)の損害賠償請求権については，貸主が目的物の返還を受けた時から１年を経過するまでの間は，消滅時効は，完成しないものとする。
(3) 借主が支出した費用の償還請求権に関する期間制限の部分を削除するものとする。

第40 請負
1 仕事が完成しなかった場合の報酬請求権・費用償還請求権
　(1) 請負人が仕事を完成することができなくなった場合であっても，次のいずれかに該当するときは，請負人は，既にした仕事の報酬及びその中に含まれていない費用を請求することができるものとする。
　　ア 既にした仕事の成果が可分であり，かつ，その給付を受けることについて注文者が利益を有するとき
　　イ 請負人が仕事を完成することができなくなったことが，請負人が仕事を完成するために必要な行為を注文者がしなかったことによるものであるとき
　(2) 解除権の行使は，上記(1)の報酬又は費用の請求を妨げないものとする。
　(3) 請負人が仕事を完成することができなくなった場合であっても，それが契約の趣旨に照らして注文者の責めに帰すべき事由によるものであるときは，請負人は，反対給付の請求をすることができるものとする。この場合において，請負人は，自己の債務を免れたことにより利益を得たときは，それを注文者に償還しなければならないものとする。
　(注) 上記(1)イについては，規定を設けないという考え方がある。

2 仕事の目的物が契約の趣旨に適合しない場合の請負人の責任
　(1) 仕事の目的物が契約の趣旨に適合しない場合の修補請求権の限界（民法第６３４条第１項関係）
　　民法第６３４条第１項の規律を次のように改めるものとする。
　　仕事の目的物が契約の趣旨に適合しない場合には，注文者は，請負人に対し，相当の期間を定めて，その修補の請求をすることができるものとする。ただし，修補請求権について履行請求権の限界事由があるときは，この限りでないものとする。

　(2) 仕事の目的物が契約の趣旨に適合しないことを理由とする解除（民法第６３５条関係）
　　民法第６３５条を削除するものとする。

　(3) 仕事の目的物が契約の趣旨に適合しない場合の注文者の権利の期間制限（民法第６３７条関係）
　　民法第６３７条の規律を次のいずれかの案のように改めるものとする。

【甲案】　民法第６３７条を削除する（消滅時効の一般原則に委ねる）ものとする。
　【乙案】　消滅時効の一般原則に加え，仕事の目的物が契約の趣旨に適合しないことを注文者が知ったときから［１年以内］にその適合しないことを請負人に通知しないときは，注文者は，請負人に対し，その適合しないことに基づく権利を行使することができないものとする。ただし，請負人が，引渡しの時に，仕事の目的物が契約の趣旨に適合しないことを知り，又は重大な過失によって知らなかったときは，この限りでないものとする。
　（注）乙案について，引渡時（引渡しを要しない場合には仕事の終了時）から期間を起算するという考え方がある。

(4) 仕事の目的物である土地工作物が契約の趣旨に適合しない場合の請負人の責任の存続期間（民法第６３８条関係）
　民法第６３８条を削除するものとする。

(5) 仕事の目的物が契約の趣旨に適合しない場合の請負人の責任の免責特約（民法第６４０条関係）
　民法第６４０条の規律を改め，請負人は，仕事の目的物が契約の趣旨に適合しないことについての責任を負わない旨の特約をした場合であっても，目的物の引渡時（引渡しを要しない場合には，仕事の終了時）に仕事の目的物が契約の趣旨に適合しないことを知っていたときは，その責任を免れることができないものとする。

　３　注文者についての破産手続の開始による解除（民法第６４２条関係）
　民法第６４２条第１項前段の規律のうち請負人の解除権に関する部分を改め，注文者が破産手続開始の決定を受けたときは，請負人が仕事を完成しない間は，請負人は契約の解除をすることができるものとする。

第41　委任
１　受任者の自己執行義務
(1) 受任者は，委任者の許諾を得たとき，又はやむを得ない事由があるときでなければ，復受任者を選任することができないものとする。
(2) 代理権の授与を伴う復委任において，復受任者は，委任者に対し，その権限の範囲内において，受任者と同一の権利を有し，義務を負うものとする。
　（注）上記(1)については，「許諾を得たとき，又は復受任者を選任することが契約の趣旨に照らして相当であると認められるとき」に復受任者を選任することができるものとするという考え方がある。

2 受任者の金銭の消費についての責任（民法第647条関係）
　民法第647条を削除するものとする。
　（注）民法第647条を維持するという考え方がある。

3 受任者が受けた損害の賠償義務（民法第650条第3項関係）
　民法第650条第3項の規律に付け加えて，委任事務が専門的な知識又は技能を要するものである場合において，その専門的な知識又は技能を有する者であればその委任事務の処理に伴ってその損害が生ずるおそれがあることを知り得たときは，同項を適用しないものとする。
　（注）民法第650条第3項の現状を維持するという考え方がある。

4 報酬に関する規律
(1) 無償性の原則の見直し（民法第648条第1項関係）
　民法第648条第1項を削除するものとする。

(2) 報酬の支払時期（民法第648条第2項関係）
　民法第648条第2項の規律に付け加えて，委任事務を処理したことによる成果に対して報酬を支払うことを定めた場合には，目的物の引渡しを要するときは引渡しと同時に，引渡しを要しないときは成果が完成した後に，これを請求することができるものとする。

(3) 委任事務の全部又は一部を処理することができなくなった場合の報酬請求権（民法第648条第3項関係）
　ア　民法第648条第3項の規律を改め，委任事務の一部を処理することができなくなったときは，受任者は，既にした履行の割合に応じて報酬を請求することができるものとする。ただし，委任事務を処理したことによる成果に対して報酬を支払うことを定めた場合は，次のいずれかに該当するときに限り，既にした履行の割合に応じて報酬を請求することができるものとする。
　　(ｱ) 既にした委任事務の処理の成果が可分であり，かつ，その給付を受けることについて委任者が利益を有するとき
　　(ｲ) 受任者が委任事務の一部を処理することができなくなったことが，受任者が成果を完成するために必要な行為を委任者がしなかったことによるものであるとき
　イ　受任者が委任事務の全部又は一部を処理することができなくなった場合であっても，それが契約の趣旨に照らして委任者の責めに帰すべき事由によるものであるときは，受任者は，反対給付の請求をすることができるものとする。この場合において，受任者は，自己の債務を免れたことにより利益を得たときは，それを委任者に償還しなければならない。

（注）上記ア(イ)については，規定を設けないという考え方がある。

5 委任の終了に関する規定
(1) 委任契約の任意解除権（民法第６５１条関係）
民法第６５１条の規律を維持した上で，次のように付け加えるものとする。
委任が受任者の利益をも目的とするものである場合（その利益が専ら報酬を得ることによるものである場合を除く。）において，委任者が同条第１項による委任の解除をしたときは，委任者は，受任者の損害を賠償しなければならないものとする。ただし，やむを得ない事由があったときはこの限りでないものとする。

(2) 破産手続開始による委任の終了（民法第６５３条第２号関係）
民法第６５３条第２号の規律を次のように改めるものとする。
ア 有償の委任において，委任者が破産手続開始の決定を受けたときは，受任者又は破産管財人は，委任の解除をすることができるものとする。この場合において，受任者は，既にした履行の割合に応じた報酬について，破産財団の配当に加入することができるものとする。
イ 受任者が破産手続開始の決定を受けたときは，委任者又は有償の委任における破産管財人は，委任の解除をすることができるものとする。
ウ 上記ア又はイの場合には，契約の解除によって生じた損害の賠償は，破産管財人が契約の解除をした場合における相手方に限り，請求することができるものとする。この場合において，相手方は，その損害賠償について，破産財団の配当に加入するものとする。
（注）民法第６５３条第２号の規律を維持するという考え方がある。また，同号の規律を基本的に維持した上で，委任者が破産手続開始の決定を受けた場合に終了するのは，委任者の財産の管理及び処分を目的とする部分に限るという考え方がある。

6 準委任（民法第６５６条関係）
(1) 民法第６５６条の規律を維持した上で，次のように付け加えるものとする。
法律行為でない事務の委託であって，［受任者の選択に当たって，知識，経験，技能その他の当該受任者の属性が主要な考慮要素になっていると認められるもの以外のもの］については，前記１（自己執行義務），民法第６５１条，第６５３条（委任者が破産手続開始の決定を受けた場合に関する部分を除く。）を準用しないものとする。
(2) 上記(1)の準委任の終了について，次の規定を設けるものとする。
ア 当事者が準委任の期間を定めなかったときは，各当事者は，いつでも解約の申入れをすることができる。この場合において，準委任契約は，解約の申入れの日から［２週間］を経過することによって終了する。

イ　当事者が準委任の期間を定めた場合であっても，やむを得ない事由があるときは，各当事者は，直ちに契約の解除をすることができる。この場合において，その事由が当事者の一方の過失によって生じたものであるときは，相手方に対して損害賠償の責任を負う。
　　ウ　無償の準委任においては，受任者は，いつでも契約の解除をすることができる。
　（注）民法第６５６条の現状を維持するという考え方がある。

第42　雇用
　１　報酬に関する規律（労務の履行が中途で終了した場合の報酬請求権）
　　(1)　労働者が労務を中途で履行することができなくなった場合には，労働者は，既にした履行の割合に応じて報酬を請求することができるものとする。
　　(2)　労働者が労務を履行することができなくなった場合であっても，それが契約の趣旨に照らして使用者の責めに帰すべき事由によるものであるときは，労働者は，反対給付を請求することができるものとする。この場合において，自己の債務を免れたことによって利益を得たときは，これを使用者に償還しなければならないものとする。
　　（注）上記(1)については，規定を設けないという考え方がある。

　２　期間の定めのある雇用の解除（民法第６２６条関係）
　　民法第６２６条の規律を次のように改めるものとする。
　　(1)　期間の定めのある雇用において，５年を超える期間を定めたときは，当事者の一方は，５年を経過した後，いつでも契約を解除することができるものとする。
　　(2)　上記(1)により契約の解除をしようとするときは，２週間前にその予告をしなければならないものとする。

　３　期間の定めのない雇用の解約の申入れ（民法第６２７条関係）
　　民法第６２７条第２項及び第３項を削除するものとする。

第43　寄託
　１　寄託契約の成立等
　　(1)　寄託契約の成立（民法第６５７条関係）
　　　民法第６５７条の規律を次のように改めるものとする。
　　ア　寄託は，当事者の一方が相手方のためにある物を保管することとともに，保管した物を相手方に返還することを約し，相手方がこれを承諾することによって，その効力を生ずるものとする。
　　イ　有償の寄託の寄託者は，受寄者が寄託物を受け取るまでは，契約の解除をすることができるものとする。この場合において，受寄者に損害が生じ

たときは，寄託者は，その損害を賠償しなければならないものとする。
　　ウ　無償の寄託の当事者は，受寄者が寄託物を受け取るまでは，契約の解除をすることができるものとする。ただし，書面による無償の寄託の受寄者は，受寄者が寄託物を受け取る前であっても，契約の解除をすることができないものとする。
　　エ　有償の寄託又は書面による無償の寄託の受寄者は，寄託物を受け取るべき時を経過したにもかかわらず，寄託者が寄託物を引き渡さない場合において，受寄者が相当の期間を定めて寄託物の引渡しを催告し，その期間内に引渡しがないときは，受寄者は，契約の解除をすることができるものとする。
　（注）上記エについては，規定を設けないという考え方がある。

(2) 寄託者の破産手続開始の決定による解除
　　有償の寄託の受寄者が寄託物を受け取る前に寄託者が破産手続開始の決定を受けたときは，受寄者又は破産管財人は，契約の解除をすることができるものとする。この場合において，契約の解除によって生じた損害の賠償は，破産管財人が契約の解除をしたときにおける受寄者に限り，請求することができ，受寄者は，その損害賠償について，破産財団の配当に加入するものとする。

2　寄託者の自己執行義務（民法第６５８条関係）
(1) 民法第６５８条第１項の規律を次のように改めるものとする。
　　ア　受寄者は，寄託者の承諾を得なければ，寄託物を使用することができないものとする。
　　イ　受寄者は，寄託者の承諾を得たとき，又はやむを得ない事由があるときでなければ，寄託物を第三者に保管させることができないものとする。
(2) 民法第６５８条第２項の規律を次のように改めるものとする。
　　再受寄者は，寄託者に対し，その権限の範囲内において，受寄者と同一の権利を有し，義務を負うものとする。
　（注）上記(1)イについては，「受寄者の承諾を得たとき，又は再受寄者を選任することが契約の趣旨に照らして相当であると認められるとき」でなければ，寄託物を第三者に保管させることができないものとするという考え方がある。

3　受寄者の保管に関する注意義務（民法第６５９条関係）
　　民法第６５９条の規律に付け加えて，有償で寄託を受けた者は，善良な管理者の注意をもって，寄託物を保管する義務を負うものとする。

4 寄託物についての第三者の権利主張（民法第660条関係）
　民法第660条の規律を次のように改めるものとする。
 (1) 寄託物について権利を主張する第三者が受寄者に対して訴えを提起し，又は差押え，仮差押え若しくは仮処分をしたときは，受寄者は，遅滞なくその事実を寄託者に通知しなければならないものとする。ただし，寄託者が既にこれを知っているときは，この限りでないものとする。
 (2) 受寄者は，寄託物について権利を主張する第三者に対して，寄託者が主張することのできる権利を援用することができるものとする。
 (3) 第三者が寄託物について権利を主張する場合であっても，受寄者は，寄託者の指図がない限り，寄託者に対し寄託物を返還しなければならないものとする。ただし，受寄者が上記(1)の通知をし，又はその通知を要しない場合において，その第三者が受寄者に対して寄託物の引渡しを強制することができるときは，その第三者に寄託物を引き渡すことによって，寄託物を寄託者に返還することができないことについての責任を負わないものとする。
 (4) 受寄者は，上記(3)により寄託者に対して寄託物を返還しなければならない場合には，寄託物について権利を主張する第三者に対し，寄託物の引渡しを拒絶したことによる責任を負わないものとする。
　（注）上記(3)及び(4)については，規定を設けない（解釈に委ねる）という考え方がある。

5 寄託者の損害賠償責任（民法第661条関係）
　民法第661条の規律を次のように改めるものとする。
 (1) 寄託者は，寄託物の性質又は状態に起因して生じた損害を受寄者に賠償しなければならないものとする。
 (2) 上記(1)にかかわらず，次のいずれかに該当する場合には，寄託者は，上記(1)の損害を賠償する責任を負わないものとする。
　ア　受寄者が有償で寄託を受けた場合において，寄託者が過失なく上記(1)の性質又は状態を知らなかったとき。
　イ　受寄者が上記(1)の性質又は状態を知っていたとき。
　（注）上記(2)アに代えて，寄託物の保管が専門的な知識又は技能を要するものである場合において，その専門的な知識又は技能を有する受寄者であればその寄託物の保管に伴ってその損害が生ずるおそれがあることを知り得たときとするという考え方がある。

6 報酬に関する規律（民法第665条関係）
　受寄者の報酬に関して，民法第665条の規律を維持し，受任者の報酬に関する規律（前記第41，4）を準用するものとする。

7 寄託物の損傷又は一部滅失の場合における寄託者の損害賠償請求権の短期期

間制限
(1) 返還された寄託物に損傷又は一部滅失があった場合の損害の賠償は，寄託者が寄託物の返還を受けた時から１年以内に請求しなければならないものとする。
(2) 上記(1)の損害賠償請求権については，寄託者が寄託物の返還を受けた時から１年を経過するまでの間は，消滅時効は，完成しないものとする。

8 寄託者による返還請求（民法第６６２条関係）
　民法第６６２条の規律に付け加えて，有償の寄託について，同条による返還の請求によって受寄者に損害が生じたときは，寄託者は，その損害を賠償しなければならないものとする。

9 寄託物の受取後における寄託者の破産手続開始の決定
(1) 有償の寄託において，寄託者が破産手続開始の決定を受けた場合には，返還時期の定めがあるときであっても，受寄者は寄託物を返還することができ，破産管財人は寄託物の返還を請求することができるものとする。この場合において，受寄者は，既にした履行の割合に応じた報酬について，破産財団の配当に加入することができるものとする。
(2) 上記(1)により破産管財人が返還時期より前に返還請求をした場合には，受寄者は，これによって生じた損害の賠償を請求することができるものとする。この場合において，受寄者は，その損害賠償について，破産財団の配当に加入するものとする。
（注）これらのような規定を設けないという考え方がある。

10 混合寄託
(1) 複数の寄託者からの種類及び品質が同一である寄託物（金銭を除く。）がある場合において，これらを混合して保管するためには，受寄者は，全ての寄託者の承諾を得なければならないものとする。
(2) 上記(1)に基づき受寄者が複数の寄託者からの寄託物を混合して保管したときは，各寄託者は，その寄託した物の数量の割合に応じた物の返還を請求することができるものとする。

11 消費寄託（民法第６６６条関係）
　民法第６６６条の規律を次のように改めるものとする。
(1) 受寄者が契約により寄託物を消費することができる場合には，受寄者は，寄託された物と種類，品質及び数量の同じ物をもって返還しなければならないものとする。
(2) 上記(1)の契約については，消費貸借に関する民法第５８８条（前記第３７，３），第５９０条（前記第３７，５）及び第５９２条と，寄託に関する前記１，

民法第662条（前記8），第663条及び前記9を準用するものとする。
　　（注）上記(2)のうち，寄託物の返還に関する民法第662条，第663条及び前記9を準用する部分については，現状を維持する（基本的に消費貸借の規定を準用する）という考え方がある。

第44　組合

1　組合契約の無効又は取消し
　　組合契約に関し，組合員の一部について意思表示又は法律行為に無効又は取消しの原因があっても，他の組合員の間における当該組合契約の効力は，妨げられないものとする。

2　他の組合員が出資債務を履行しない場合
　(1)　組合員は，他の組合員が出資債務の履行をしないことを理由として，自己の出資債務の履行を拒むことができないものとする。
　(2)　組合員は，他の組合員が出資債務の履行をしない場合であっても，組合契約の解除をすることができないものとする。

3　組合の財産関係（民法第668条ほか関係）
　(1)　組合の財産関係について，民法第668条，第674条，第676条及び第677条の規律を維持した上で，次のような規律を付け加えるものとする。
　　ア　組合員の債権者は，組合財産に属する財産に対し，その権利を行使することができないものとする。
　　イ　組合員は，組合財産に属する債権について，自己の持分に応じて分割して行使することができないものとする。
　　ウ　組合の債権者は，組合財産に属する財産に対し，その権利を行使することができるものとする。
　(2)　民法第675条の規律を改め，組合の債権者は，各組合員に対しても，等しい割合でその権利を行使することができるものとする。ただし，組合の債権者がその債権の発生の時に組合員の損失分担の割合を知っていたときは，その割合によってのみその権利を行使することができるものとする。
　　（注）上記(1)アについては，このような規定を設けるべきではない（解釈に委ねる）という考え方がある。

4　組合の業務執行（民法第670条関係）
　　民法第670条の規律を次のように改める。
　(1)　組合の業務は，組合員の過半数をもって決定し，各組合員がこれを執行するものとする。
　(2)　組合の業務執行は，組合契約の定めるところにより，一人又は数人の組合員又は第三者に委任することができるものとする。

(3) 上記(2)の委任を受けた者（業務執行者）は，組合の業務を決定し，これを執行するものとする。業務執行者が二人以上ある場合には，組合の業務は，業務執行者の過半数をもって決定し，各業務執行者がこれを執行するものとする。
  (4) 業務執行者を置いている場合であっても，総組合員によって組合の業務を執行することは妨げられないものとする。
  (5) 上記(1)から(4)までにかかわらず，組合の常務は，各組合員又は各業務執行者が単独で決定し，これを執行することができるものとする。ただし，その完了前に他の組合員又は業務執行者が異議を述べたときは，この限りではないものとする。

5　組合代理
  (1) 各組合員が他の組合員を代理して組合の業務を執行するには，組合員の過半数をもってした決定による代理権の授与を要するものとする。ただし，組合の常務に関しては，各組合員は，当然に他の組合員を代理してこれを行う権限を有するものとする。
  (2) 業務執行者を定めた場合には，組合員を代理する権限は，業務執行者のみが有するものとする。
  (3) 業務執行者が二人以上ある場合に，各業務執行者が組合員を代理して組合の業務を執行するには，業務執行者の過半数をもってした決定による代理権の授与を要するものとする。ただし，組合の常務に関しては，各業務執行者は，当然に組合員を代理してこれを行う権限を有するものとする。

6　組合員の加入
  (1) 組合の成立後であっても，組合員は，その全員の同意をもって，又は組合契約の定めるところにより，新たに組合員を加入させることができるものとする。
  (2) 上記(1)により組合の成立後に加入した組合員は，その加入前に生じた組合債務については，これを履行する責任を負わないものとする。

7　組合員の脱退（民法第678条から第681条まで関係）
  組合員の脱退について，民法第678条から第681条までの規律を基本的に維持した上で，次のように改めるものとする。
  (1) 民法第678条に付け加えて，やむを得ない事由があっても組合員が脱退することができないことを内容とする合意は，無効とするものとする。
  (2) 脱退した組合員は，脱退前に生じた組合債務については，これを履行する責任を負うものとする。この場合において，脱退した組合員は，他の組合員に対し，この債務からの免責を得させること，又は相当な担保を供することを求めることができるものとする。

8　組合の解散事由（民法第682条関係）
　　民法第682条の規律を改め，組合は，次に掲げる事由によって解散するものとする。
　(1)　組合の目的である事業の成功又はその成功の不能
　(2)　組合契約で定められた存続期間の満了
　(3)　組合契約で定められた解散事由の発生
　(4)　総組合員による解散の合意

9　組合の清算
　　組合の清算について，民法第685条から第688条までの規律を基本的に維持した上で，同法第686条に付け加えて，清算人は，清算事務の範囲内で各組合員を代理する権限を有するものとする。

第45　終身定期金

　　終身定期金契約に関する民法第689条から第694条までの規律を基本的に維持した上で，同法第691条第1項前段の規律を改め，終身定期金債務者が終身定期金の元本を受領した場合において，その終身定期金の給付を怠り，又はその他の義務を履行しないときは，終身定期金債権者は，債務不履行の一般原則に従い契約を解除して，元本の返還を請求することができるものとする。
　（注）終身定期金契約を典型契約から削除するという考え方がある。

第46　和解

　　和解によって争いをやめることを約した場合において，当事者は，その争いの対象である権利の存否又は内容に関する事項のうち当事者間で争われていたものについて錯誤があったときであっても，民法第95条に基づく錯誤の主張をすることはできないものとする。
　（注）このような規定を設けないという考え方がある。

新法シリーズ試案編1
① 民法改正中間試案〔確定全文〕

2013(平成25)年6月30日　第1版第1刷発行

編　集　　信山社編集部
発行者　　今井 貴 稲葉文子
発行所　　株式会社 信山社
〒113-0033 東京都文京区本郷6-2-9-102
Tel 03-3818-1019　Fax 03-3818-0344
info@shinzansha.co.jp
笠間才木支店 〒309-1611 茨城県笠間市笠間515-3
笠間来栖支店 〒309-1625 茨城県笠間市来栖2345-1
Tel 0296-71-0215　Fax 0296-72-5410
出版契約2013-7041-9-01010　Printed in Japan

Ⓒ信山社, 2013　印刷・製本／東洋印刷・渋谷文泉閣
ISBN978-4-7972-7041-9 C3332 P96/324.000-e001 法律立法
7041-01011：012-080-020《禁無断複写》

JCOPY 〈(社)出版者著作権管理機構 委託出版物〉
本書の無断複写は著作権法上での例外を除き禁じられています。複写される場合は、そのつど事前に、(社)出版者著作権管理機構(電話03-3513-6969, FAX 03-3513-6979, e-mail: info@jcopy.or.jp)の許諾を得てください。

学術選書109

森村 進 著（一橋大学大学院法学研究科教授）

リバタリアンはこう考える
―法哲学論集―

A5変・上製・512頁　定価：本体10,000円（税別）　ISBN978-4-7972-6709-9 C3332

政府がはたすべき役割は何か？

J. ロック, T. ジェファーソン, R. ノージック, J. ナーヴソンなどの議論を取り上げながら、人格的自由・経済的自由を最大限に尊重する思想・リバタリアニズム libertarianism を力強く擁護する。〈何がリバタリアニズムの典型的な形態か〉でなく、〈何がリバタリアニズムの望ましい形態か〉をめぐる論究の書。福祉国家論、コミュニタリアニズムを批判的に検討し、政府の存在理由を根本的に問う。

【目　次】

第1部　リバタリアニズムの理論的基礎
1　リバタリアニズムの人間像
2　コミュニタリアニズムの批判的検討
3　リバタリアンな正義の中立性
4　リバタリアンが福祉国家を批判する理由
5　「みんなのもの」は誰のもの？
6　自己所有権論を批判者に答えて擁護する
7　分配的平等主義を批判する
8　ナーヴソンの契約論的リバタリアニズム
9　自由市場グローバリゼーションと文化的繁栄

第2部　自由の法理
10　アナルコ・キャピタリズムの挑戦
11　国家と宗教の分離
12　政府の活動はどこまで民間に委ねられるべきか
13　サンスティーンとセイラーのリバタリアン・パターナリズム
14　「大地の用益権は生きている人々に属する」
　　──財産権と世代間正義についてのジェファーソンの見解
15　権利主体としての子供
16　リバタリアニズムから見た犯罪への責任
17　リバタリアニズムと刑罰論

ブリッジブックシリーズ

先端法学入門／土田道夫・高橋則夫・後藤巻則 編
法学入門／南野 森 編
法哲学／長谷川晃・角田猛之 編
憲　法／横田耕一・高見勝利 編
行政法（第2版）／宇賀克也 編
先端民法入門（第3版）／山野目章夫 編
刑法の基礎知識／町野 朔・丸山雅夫・山本輝之 編著
刑法の考え方／高橋則夫 編
商　法／永井和之 編
裁判法（第2版）／小島武司 編
民事訴訟法（第2版）／井上治典 編

民事訴訟法入門／山本和彦 著
刑事裁判法／椎橋隆幸 編
国際法（第2版）／植木俊哉 編
国際人権法／芹田健太郎・薬師寺公夫・坂元茂樹 著
医事法／甲斐克則 編
法システム入門（第2版）／宮澤節生・武蔵勝宏・上石圭一・大塚浩 著
近代日本司法制度史／新井勉・蕉山嚴・小柳春一郎 著
社会学／玉野和志 編
日本の政策構想／寺岡 寛 著
日本の外交／井上寿一 著

〒113-0033　東京都文京区本郷6-2-9-102　東大正門前
TEL：03(3818)1019　FAX：03(3811)3580　E-mail：order@shinzansha.co.jp
信山社　http://www.shinzansha.co.jp

松浦好治・松川正毅・千葉恵美子 編

加賀山茂先生還暦記念

市民法の新たな挑戦

新書判・並製・112頁 定価：本体800円（税別） ISBN978-4-7972-1985-7 C3332

市民法がもつ現在の理論的課題を考察

既存の枠にとらわれない自由な発想と徹底した考察により、幅広い領域で法学理論を築いてきた明治学院大学教授加賀山茂先生の還暦をお祝いする論文集。法情報学・民事手続法・消費者法・民法・会社法の各法分野の専門家による論考24篇を収録。情報の電子化、消費者被害、債権法改正、生殖補助医療などの最先端のテーマも含み、現在の社会で市民法が有する理論的課題に対する見解を示す。

【目　次】
◇Ⅰ　法情報学◇
比較法と法情報パッケージ　〔松浦好治〕
◇Ⅱ　手　続　法◇
ドイツのレラチオーンステヒニクと民法教育――要件事実論との比較を見据えて　〔福田清明〕
仲裁合意の法的性格と効力の主観的範囲　〔大塚　明〕
当事者の視点に立った調停技法　〔平田勇人〕
◇Ⅲ　消費者法◇
オーストラリアにおける消費者被害救済のあり方　〔タン・ミッシェル〕
適合性原則違反の判断基準とその精緻化　〔宮下修一〕
シ・プレ原則に基づく集団的消費者被害救済制度の構築　〔深川裕佳〕
金融取引における不招請勧誘の禁止　〔上杉めぐみ〕
◇Ⅳ　物　権　法◇
土地区画整理による所有権制限の根拠　〔伊藤栄寿〕
物上保証人の事前求償権と免責請求権　〔渡邊　力〕
被担保債権の弁済期後における不動産譲渡担保権者・設定者の法的地位
　――譲渡担保論のパラダイム転換を目指して　〔千葉恵美子〕
◇Ⅴ　債権総論◇
無権利者に対する預金の払戻しと不当利得返還請求・損害賠償請求の意義　〔中舎寛樹〕
倒産手続における弁済者代位と民法法理――代位取得された財団債権・共益債権と求償権の関係　〔潮見佳男〕
◇Ⅵ　契　約　法◇
契約解除との関係における「危険」制度の意義　〔山田到史子〕
契約締結上の過失責任の法的性質　〔久須本かおり〕
転借人の不法投棄による土地の毀損と賃借人の責任　〔平林美紀〕
役務提供契約の法的規律に関する一考察　〔山口幹雄〕
複合契約取引論の現状と可能性　〔岡本裕樹〕
シンジケートローン契約におけるエージェントの免責規定はどこまで有効か　〔野村美明〕
◇Ⅶ　不法行為法◇
医療における「相当程度の可能性」の不存在とさらなる保護法益　〔寺沢知子〕
◇Ⅷ　家　族　法◇
貞操義務と不法行為責任　〔松川正毅〕
性同一性障害者の婚姻による嫡出推定　〔水野紀子〕
事実に反する認知の効力　〔床谷文雄〕
◇Ⅸ　会　社　法◇
株式の内容の事後的変更　〔吉本健一〕

現代民法学習法入門　　加賀山茂 著

A5変・上製・288頁　定価：本体2,800円（税別）　ISBN978-4-7972-2493-1 C3332

民法学習のための戦略的方法論を提供

現代民法担保法　　加賀山茂 著

A5変・上製・738頁　定価：本体6,800円（税別）　ISBN978-4-7972-2684-3 C3332

人的担保・物的担保の総合理論を提唱

判例プラクティス民法Ⅰ 総則・物権　　松本恒雄・潮見佳男 編

B5変・並製・424頁　定価：本体3,600円（税別）　ISBN978-4-7972-2626-3 C3332

効率よく体系的に学べる民法判例解説

〒113-0033　東京都文京区本郷6-2-9-102　東大正門前
TEL:03(3818)1019　FAX:03(3811)3580　E-mail:order@shinzansha.co.jp

信山社
http://www.shinzansha.co.jp

岩沢雄司・中谷和弘 責任編集
Edited by Yuji Iwasawa・kazuhiro Nakatani

国際法研究 創刊第1号

菊変・並製・180頁　定価：本体2,900円（税別）　ISBN978-4-7972-6561-3 C3332

国際法に関する研究
実務の総合的検討

国際法の研究者や実務家による、国際法学の一層の発展を目指す、新しい研究雑誌。信頼ある編集・執筆陣が、国際法学の基底にある蓄積とその最先端を、広範かつ精緻に検討。待望の創刊第1号。

〈目　次〉
◆外交的庇護をめぐる国際法と外交・・・中谷和弘
　Ⅰ　はじめに
　Ⅱ　国際司法裁判所判決、萬国国際法学会決議、国際法協会条約草案
　Ⅲ　諸国家の一般的見解
　Ⅳ　省　察
　Ⅴ　おわりにかえて：陳光誠事件及び Julian Assange 事件
◆19世紀の「人道のための干渉の理論」の再検討・・・中井愛子
　はじめに
　Ⅰ　問題の所在
　Ⅱ　人道のための干渉をめぐる19世紀の学説状況
　Ⅲ　「人道のための干渉の理論」
　Ⅳ　人道のための干渉の実行
　おわりに
◆枠組条約の規範発展の機能―その意義と限界・・・坂本尚繁
　序
　Ⅰ　学　説
　Ⅱ　枠組条約の概念の本質
　Ⅲ　枠組条約の規範発展機能の意義と限界
　結　語
◆国際司法裁判所「国家の裁判権免除」事件判決の射程と意義・・・坂巻静佳
　はじめに
　Ⅰ　国家免除に関する規制
　Ⅱ　「域内不法行為原則」
　Ⅲ　「イタリア裁判所における請求の主題と事情」
　おわりに
◆通過通航制度と海峡沿岸国の渡航規制・・・石井由梨佳
　序
　Ⅰ　海峡沿岸国の立法管轄権の射程
　Ⅱ　具体的な措置に関する分析
　Ⅲ　氷結水域と通航権
　結　語

〈執筆者紹介〉
岩沢雄司（いわさわ・ゆうじ）
　東京大学大学院法学政治学研究科教授
中谷和弘（なかたに・かずひろ）
　東京大学大学院法学政治学研究所教授
中井愛子（なかい・あいこ）
　東京大学大学院法学政治学研究科博士課程
坂本尚繁（さかもと・なおしげ）
　東京大学大学院総合文化研究科研究生
坂巻静佳（さかまき・しずか）
　静岡県立大学国際関係学部講師
石井由梨佳（いしい・ゆりか）
　防衛大学校人文社会科学群国際関係学科講師

〒113-0033　東京都文京区本郷6-2-9-102　東大正門前
TEL：03(3818)1019　FAX：03(3811)3580　E-mail：order@shinzansha.co.jp

信山社
http://www.shinzansha.c